小风小物
逛杭州

陆彦（阿伦特）◎著

ZHEJIANG UNIVERSITY PRESS
浙江大学出版社

图书在版编目（CIP）数据

小风小物逛杭州 / 陆彦著. — 杭州：浙江大学出版
社，2017.2（2018.3重印）
ISBN 978-7-308-16362-0

Ⅰ. ①小… Ⅱ. ①陆… Ⅲ. ①旅游指南—杭州 Ⅳ.
①K928.955.1

中国版本图书馆CIP数据核字（2016）第257969号

小风小物逛杭州

陆　彦　著

责任编辑	罗人智
责任校对	姜井勇
封面设计	尚书堂
出版发行	浙江大学出版社
	（杭州天目山路148号　邮政编码：310007）
	（网址：http://www.zjupress.com）
排　　版	杭州林智广告有限公司
印　　刷	浙江海虹彩色印务有限公司
开　　本	889mm×1194mm　1/32
印　　张	8.25
字　　数	180千
版 印 次	2017年2月第1版　2018年3月第2次印刷
书　　号	ISBN 978-7-308-16362-0
定　　价	58.00元

浙江大学出版社发行中心联系方式：(0571) 88925591；http://zjdxcbs.tmall.com

自 序

2015年9月,我从工作了10多年的上海《外滩画报》辞职,搬回杭州,租房居住。每天钻进杭州的小街小巷,到处走走看看,不问方向,也没有目的地。

1998年到2001年期间,我在浙江大学中文系读三年研究生,最终以文学硕士学位毕业。那时太穷,又太叛逆,活动范围多限于老和山下、北山路直至南山路中国美院一带的西湖之畔,完全没有心思和心力去深入感受杭州的"里"。

毕业后去"魔都"谋生,每年因为这样那样的原因总要来几趟杭州,每次到杭州就很烦恼,觉得这也不方便,那也不方便。很难打到车(现在有了打车软件,情况好多了);在西湖附近找餐厅也不尽如人意,餐饮也不便宜;买东西好像也不方便。

杭州不像"魔都"那样以大超市、大卖场、大购物中心作为各个生活圈的中心。上海市民购买食材和日常生活用品大多去购物中心,从地下一层大超市购买食材和日常生活用品,再到楼上各个品牌门店购物,一站式消费。在杭州市中心,一站式消费的大购物中心不多,特大超市似乎只有一个家乐福,人气完全无法与上海的家乐福相比。

酒店住得也不舒服;我也不喜欢在人多的时候去西湖和河坊街。

作为一个外地平民游客,既然没有太多钱,就得精打细算,除非有人替你刷卡,不然不可能每次来杭州都住香格里拉,在楼外楼就餐。这一点,倪锡英先生早在20世纪30年代著的《杭州》一书中就描写得很详细了。我相信，"烦恼"是很多外地平民到杭州旅游时都可能会生发的感受。

等定居杭州后，我很吃惊。过斑马线时，大公交车会带领出租车和私家车停下来，主动为我让路。这是在做梦吗？这是在国外旅游才能得到的待遇啊。

杭州与我作为游客时的感受太不一样了。办一张公共交通卡，请杭州公共自行车"小红"载我，可以去我想去的任何地方。租用一小时之内免费，租还车点密布于市区，我可以不花一分钱骑上一整天。杭州的公共自行车租借系统先进、简单、亲民，处于国内领先水平，也与一些欧洲城市居民常以自行车出行的绿色环保潮流不谋而合。

小街小巷里，地道又便宜的小吃很容易找到。

在购买日常生活用品以及生鲜食材方面，杭州人与上海人相比更加幸福。遍布于小街小巷里的蔬菜店，提供当天来自华东地区最大的生鲜蔬菜批发市场——勾庄的菜蔬、鱼肉、家禽、鸡蛋，新鲜而且价格公道。在购买日常生活用品方面，中等规模的超市完全满足需要。如果需要购买高档货品，也有杭州大厦、解百等百货中心可以选择。

杭州人在安静的小街小巷里、东河边、运河边生活；西湖和河坊街好像真的留给了外地游客。

客居京都的大陆作家苏枕书在《有鹿来》一书中写道：京都的"外"与"内"很分明，世界文化遗产、寺庙神社、町家老街、祇园灯火、白川流水、鸭川川床，都收拾得很妥帖，是专门给游客欣赏享用的"外"。而本地人日常生活的小街、普通超市、幽深的后院，就是游客不感兴趣的、本地人不轻易示人的"内"。而居住在这里的人，似乎对游客热衷的古迹或美景也兴趣索然。外地来的游客以"我去过某地"为荣，这个"某地"，必然是京都最出名的景点。而真正的京都人，或许以淡淡的一句"我连某地都没去过呢"表达自己长居于此的身份和自家风景被游客打扰的遗憾，以及家门口的风景属于我、不必特意去看的矜持。

杭州也是有"外""内"之分的。杭州的"内"，是小街小巷，是隐藏在小街小巷里的小店小铺、小风小物、老房子，是适于散步和慢跑的内城河道和运河沿岸。漫步在杭州的小街小巷中，我有时仿佛回到童年，重回20世纪80年代中国城市的朴素美学；在更多的地方，读着巷中墙上可上溯到南宋的巷名，与深具时光之美的老房子邂逅，看着时间在老房子墙上留下的印记，体会大西克礼在《日本风雅》一书中写到的"寂色"美学——一种具有审美价值的"陈旧之色"，一种古色、水墨色、烟熏色、复古色。

杭州是国内难得的一座珍视中国传统文化之美的城市。在我到过的国内城市中，杭州几乎是做得最好的了。

在杭州的小街小巷中漫步，我感到历史正活着。这活着的历史，正在制造新的历史。

与小店小铺打交道，从小商小贩手里购买食材和日常生活用品的经历，让我常常体会到朴素的匠人精神。匠人精神是中国传统文化的精髓，在国内其他城市已不易见到，但却是构成杭州城市精神的丰实内容之一。

本书观察和写作的，正是杭州的"里"：安静的小街小巷、深居时光之美的老房子、抱持匠人之心的小店、朴素的手艺人、平民食物、一把绿色的蔬菜。

台湾著名作家刘克襄给本书的写作带来了启发。40年来，刘克襄遍访台湾的古道、山丘、乡镇、菜市场，足迹直至香港和内地。他的书如《里台湾》《两天半的面店》《四分之三的香港》《11元的铁道旅行》《岭南本草新录》《男人的菜市场》等在台湾、香港和内地广为发行。刘克襄先生曾在一次谈话中建议大家"小风小物游中国"，建议选择某一城市作深入旅行，与在地居民亲密接触。承蒙他启发，我在书名中使用了"小风小物"四个字。

8年前，一位朋友荣少每天从香港给我快递各种书籍、杂志、音乐CD、电影DVD、剪报。刘克襄的书，就是其中之一。那些书籍、杂志、音乐CD、电影DVD有中文、日文的，有繁体字、简体字的，有关于台湾的、香港的、上海的，有关于美食的、旅行的，有虚构的、非虚构的……非常昂贵。荣少在香港给我买这些书、杂志、音乐CD和电影DVD，又花费更多的钱和时间快递给我。他花了很多时间剪下他每天看的香港报纸专栏，快递给我。他给我快递药和衣服。这些药是他请一位医生专门为我配制的。他数次从香港飞到上海看我，手里拎着很多东西。

他这样做，是因为他知道当时的我需要帮助。8年来，他为我做了无数的事情，而我的成长，却如一块石头、一瓶葡萄酒、一棵桧木一样，缓慢而沉默。

荣少从小度过了一个"impossible childhood"，几岁时患上哮喘，长大后又患上严重的抑郁症。他自己的生命有很多困难要面对，但他每一天起床后，想的是"我能为别人做什么？"

荣少和我一样，是"杭州迷"，偶来杭州小住。我希望这本小书能够顺利地出版，作为迟到的礼物，献给荣少。

一、小街小巷篇

二、小店小贩篇

三、便民市政篇

壹 / 小街小巷篇

01

阿伦特推荐步行路线

丰家兜→茅廊巷农贸市场
→南班巷→佑圣观路

2015年9月，我从工作了十余年的上海《外滩画报》辞职，正式搬回杭州，租房居住。开门七件事——柴米油盐酱醋茶，因此我的杭州生活，就从寻找菜市场以及收发快递开始。

每条小巷都是快递员们的"战场"

一到杭州就收到一条浙江邮政发来的短信，通知我到状元弄"E邮柜台"收取某个快件。我过了好几天才明白这是怎么回事。原来就快递业这一当今与每家每户关系密切的行业而言，杭州有多家自助取件柜，称为"E邮柜台"，几乎所有社区都有。当收件人不在家时，快递员把快递件放入E邮柜台中，收件人回到家中后，根据手机上收到的信息和密码，自行取件。

遍布杭州小区的"E邮柜台"

这真是太方便了。杭州的E邮柜台，是上海没有的。最近杭州媒体报道，这种E邮柜台，是杭州一个叫高冠敏的"创二代"生产的。他在普通箱柜的基础上，带领员工研发出电子报箱，第一批样品问世后得到了浙江省邮政客户的认可，在全省旧城改造相关领域异军突起，成功竞得60多个县市旧城改造中近40%的订单。随后，高冠敏把视线瞄准了物流的瓶颈——最后100米的投递难题，开发E邮柜台，为快递员、用户和物业带来了便利。E邮柜台被列入2015年余杭区政府为民办实事十件实事工程。据说现在高冠敏又把眼光投向绿色环保领域，研发新一代智能垃圾分类机等新产品。届时居民只需按类投放垃圾，就可以在市民卡上获得积分奖励。

这篇报道引起了我的兴趣。目前我国的垃圾回收之所以效率低下，造成巨大污染和浪费，有的地方"垃圾围城"，重要原因也出在这最初也是最后的"100米难题"上，即缺乏一个先进有力的垃圾分类回收系统。希望高冠敏的智能垃圾分类机就像E邮柜台一样，早日出现在我的生活中。

现今时代，快递与民生关系密切。杭州特有的E邮柜台开启了我对这个城市的认识：这个城市的公共设施先进并且方便民生。

由快递员到杭州特有的E邮柜台，我开始了解杭州的公共设施。与邻居城市上海相比，杭州公共设施先进，居民生活环境整洁，上海身为国际大都市，竟远远不如。就公共卫生间而言，杭州的公共卫生间数量多并且干净，在很多居民生活小区，哪怕家家都有卫生间，小区里也设有干净整洁的公共卫生间。而上海虽为超级大都市，在街头却很难找到公共卫生间，干净程度也远不如杭州。

杭州的公共卫生间令我着迷，下面有专门一章详谈。

定居下来后，第一要事是寻找住处附近的菜市场。丰家兜和丰家兜里的茅廊巷农贸市场，就这样映入了我的眼帘。

丰家兜现做韭菜鸡蛋饼

丰家兜是一条小巷子，是杭州几千个小巷子中的一个。每天早晨6点左右，有个中年男子推着一辆小车来到丰家兜。他站在浙江省公安厅门口斜对面。下雨的时候，他往东挪10米，站在一家杂货店门口。

他是个修长清秀的中年男子，穿着一件白大褂，很爱干净。有两个早上，我是他的第一个顾客，只见他先用面团蘸油，把整个工作台面仔细擦一遍，再把自己的手擦一遍，才开始制作韭菜鸡蛋饼。

6点半后，他的生意就很忙了，排队等候的人往往有七八个。

茅廊巷现做韭菜鸡蛋饼的老板是附近
社区的灵魂人物

他的妻子把女儿送入一旁的回族穆兴小学后，就来帮忙。她是一个开朗而且丰满的中年女性。

老板做的韭菜鸡蛋饼4元一个，应顾客要求，可以另加榨菜和梅干菜，也可以把韭菜替换成梅干菜；可以另加油条和火腿肠；加辣酱或甜面酱，或不加酱。他每天早上6点左右出现，约10点结束生意。这4个小时里，高峰时甚至有七八个人排队，有上学路上的孩童、上班路上的大人和附近居民。我暗暗计算了一下，每做一个鸡蛋饼大约需要1分钟，人多时3个鸡蛋饼同时进行中。在这4个小时左右的时间里，他根本停不下来。老板很幽默，并能够照顾到每个人的需要。开始我用他提供的一次性塑料袋装蛋饼，后来觉得不环保也不卫生，改用电饭煲盛韭菜鸡蛋饼。第一次，我拿了一个大电饭煲，他看到我说："把这都装满了再拿回去。"我换成小电饭煲，他做好了韭菜鸡蛋饼说："给你放你的保温杯里。"他善于抓住各种机会抛出小幽默，有点冷，让你非笑不可。

有一天早上我遇到他，他刚刚结束生意，推着工具车准备离开。我跟他一起走了几分钟。"你每天几点起床？""5点。""每天生意结束后是不是还要花很多时间准备原料？""也没有用很多时间。""但是早上这几个小时强度还是挺大的，你根本停不下来。""我们以前是干农活的，这点事情强度不算太大。"我告诉他自己去跑步，他告诉我他也喜欢运动，跳绳一次可以跳1800个左右。"不运动，身体就僵掉了。"

这位每天早上现做韭菜鸡蛋饼的老板，是附近社区的灵魂人物。有一天，我去买他的韭菜鸡蛋饼，见到一个刚下私家车的女子，对她丈夫说："你帮我与他合张影。我八年没见到他了。"

阿伦特推荐小吃

现做韭菜鸡蛋饼

地址：杭州丰家兜与民生路交接处、浙江省公安厅斜对面

温州黄牛排店

丰家兜里有一排小店，其中有一家名为"温州黄牛排"的牛肉店，一对温州夫妇经营，卖熟牛肉、牛杂以及牛身上的其他一切部位，还卖温州鱼饼。老板是一个温和的中年人，左手手腕上戴着一块手表，等待顾客的时候常常面对着一个小屏幕看电视剧。老板娘健壮结实，红光满面，嗓门大。熟牛肉的价格根据牛身上的部位有所不同，牛腩56元一斤，牛腱子肉65元一斤，称好分量后，老板或老板娘会帮你切成薄片，并赠送牛肉汤。冬天，牛肉汤冻成了胶状，可以直接吃。

我是他们的顾客，经常买他们的牛肉和温州鱼饼。附近别处熟食摊也有温州鱼饼出售，但尝过他们店里的之后，我就不想再

尝试别处的了。据老板说，温州鱼饼是他们家亲戚做的，原料是
鳕鱼与淀粉。7元一个，20元3个。他们另出售嵊州粉干、温州粉干，
品种不同，都是6元一斤。我偏爱温州粉干，看上去较细，颜色略
深。搬来杭州后，炒粉干和汤米粉成了我爱吃的小吃。我老家没
有这两种食物，我自己不会做，但外出就餐时常常乐于叫一碗炒
粉干，或一碗汤米粉。炒粉干带着镬气，鲜美爽滑；汤米粉清甜
可口，两者都特别容易送入胃中。近来更是觉得自己对炒粉干比
米饭还要偏爱一点点，凡是不想吃米饭的时候，我会去附近小店
里点上一客炒粉干，大口吃完。

　　我是个业余马拉松选手。跑完一场马拉松后的一两天内，特
别是跑完一场马拉松后的几个小时内，运动员特别需要补充水分。
这时如果能来一大碗汤米粉，我会觉得是无上的美味。

龙泉住龙正宗手工麻糍

　　春节前，我住处附近的丰家兜巷中，有一个小店面搬
来了夫妻二人。从那时起到现在，每天一大早，男主人就
在店门口挥动木槌，打着石桶里的什么东西。开始我以为
他在打年糕。

　　我知道浙江乡下很多地方过年时做年糕，但因为我
老家过年只吃汤圆，不做年糕，我对年糕的做法，只限于
通过照片得来的模糊印象。当看到男主人每天早上挥动
木槌击打石桶里的东西时，以为他是在做年糕。不仅我这么认为，
连路过的杭州人也这么认为。但看小店门面上写着"龙泉住龙正
宗麻糍全手工制作小份5元大份10元"，才知道这种食物不是年糕，

叫麻糍。龙泉市在浙江省丽水市，住龙是龙泉市的一个镇。

第一次吃麻糍是年前，茅廊巷农贸市场里的很多店铺老板都已经回家过年了。手工麻糍店的老板正要骑三轮车出发去四季青服装市场售卖刚刚做好的麻糍。我要了一个小份的麻糍，老板揭开锅盖，我于热气腾腾中看到了大半锅类似豆腐脑的食物。老板用食物刀（类似水果刀）挑了一块，放到桌子上的一个托盘里，托盘里有碎黑芝麻拌白糖。他用食物刀把麻糍切成几小块，在黑芝麻和白糖里滚上一滚，放进了碗里。

我吃到了小时候大年初一早上餐桌上的味道。小时候，每年除夕晚上，母亲用手搓出一簸箕的实心糯米小汤圆。大年初一早上，我们吃母亲煮的汤圆，蘸着盘子里的碎黑芝麻拌白糖。

第二次去吃麻糍，老板不在，老板娘在。我要了一个小份的麻糍，又要了一碗白米粥，老板娘给我搭配了咸菜。她告诉我，咸菜是她从菜市场买来后，重新洗过、炒过的。

隔天早上跑完步，再次路过小店。自我介绍"我以前在上海做过10多年记者"（我说这句话的时候，总是觉得有点不好意思。就像有些时候看到自己的名字后面有一个括号，括号里有"作家"两个字）。老板告诉我，以前在老家时，也有电视台记者上门拍他做麻糍的过程，并在电视台上播过。

老板专门为我表演了现场制作麻糍。他告诉我，每天早上4点钟起床，把前一天晚上浸泡在水中的生糯米煮成熟糯米饭。每天要煮30斤糯米，煮熟后变成40斤熟糯米饭。他每天在石桶里打的东西，就是熟糯米饭。他要把熟糯米

夫妻二人现场制作手工麻糍，味道正宗

饭一锤一锤地打成类似于豆腐脑一样质地的麻糍。他用来打麻糍的木槌，重20斤左右。老板今年50岁，看上去40岁左右。老板娘说他打一桶要出一身汗。

老板打麻糍的时候，老板娘要在一边帮忙。只见她不时用手蘸下小桶里的开水，然后快速翻动一下老板正在打着的熟糯米饭，确保所有糯米粒受力均匀。

小店房租每个月5000元，老板和老板娘只做早点生意：全手工麻糍、白米粥、茶叶蛋、小笼包。小店简陋但干净整洁，就像家里的厨房。

只做店面生意是无法应付支出的。每天早上老板打好两桶麻糍，骑三轮车30分钟左右，到四季青服装市场卖麻糍。老板娘告诉我，孩子已经长大，打工。"（我们）其他也没什么好做的。"

最近一次去店里吃早餐时，同时来了几个客人。老板娘应付不过来，就请我去里屋帮她打粥给客人们。我很乐意帮她忙，并觉得和这一对纯朴的手艺人夫妻之间，已经建立了一份小小的信任。

从丽水搬来近7个月了，手工麻糍店生计虽小，但气象稳中有升。有时中午路过麻糍店，看到老板娘在炒菜，随后两口子坐下来吃午饭。房租虽贵，但手艺人有勤劳的双手，终于能在城市中觅得一片小小的安身之地。

阿伦特推荐小吃

龙泉住龙正宗麻糍

全手工制作，小份5元，大份10元
地址：杭州丰家兜与民生路交接处、浙江省公安厅斜对面

吴桥烧饼

　　吴桥烧饼在丰家兜茅廊巷农贸市场正门对面，由几位上了年纪的大伯和大妈主理。他们用一个深长的炭炉现烤现卖萝卜丝烧饼、梅干菜烧饼、葱油烧饼，均是2.5元一个。一个小个子大伯炸油条，油条2元一根。小个子大伯戴眼镜，油条炸得很好，个头很大，色泽金黄，炸得很酥脆。每天下午，他坐在门口台阶上择葱。他们每天更换炸油条的油，上过报纸，在杭州有好几家店。

下午不忙的时候，吴桥烧饼的老伯坐在店前台阶上择葱

茅廊巷农贸市场平民食堂

　　茅廊巷农贸市场是杭州最老的农贸市场。一楼有两家平民食堂，比邻而居，提供早餐、午餐和晚餐，是附近平民和劳动者的福音。

　　这两个平民食堂一个叫龙翔快餐店，另一个叫道宏快餐店，中间只隔一条小过道。龙翔快餐店的员工多是江苏徐州、安徽萧县一带人，做的菜会搁一点蒜。早餐有白粥和小菜，还有一位来自安徽萧县的姑娘现做拌面。姑娘漂亮丰满，容光焕发，头发挽在头顶，犹如一朵正在盛开的富贵花，有唐女郎风范。每次去，我的目光总是被她吸引，她对我很客气，但坚拒拍照。

　　只见她在碗里放酱油、大蒜、葱、榨菜，把一束面放在开水里煮熟，搁在碗里，加一勺热油一浇，拌一拌，好吃极了，3元一

茅廊巷农贸市场的平民食堂是附近居民和劳动者的福音（图为龙翔快餐）

份。白粥附送小菜，2元一碗。

今年萧县姑娘不再出现，改由一个青涩的男孩子做拌面，令人吃拌面的乐趣顿减一半。拌面的价格由去年的3元一份提到4元一份，但周末早晨依然经常光顾。

另一个平民食堂"道宏快餐"，应是杭州本地人开的，菜品以杭式为主，其中两道菜很有杭州本地特色：一是毛豆咸黄鱼干，28元1斤；二是豆腐皮笋丝卷，25元1斤。我吃了好久，才知道豆腐皮笋丝卷是一道经典的杭州家常菜，叫"卷鸡"。我第一次吃到地道的杭州卷鸡，就是在道宏快餐。

早餐时分，大厨和小工们已经开始准备午餐，小工择菜，大厨烧菜。龙翔快餐的菜大抵是炒菜或炖菜，而道宏快餐除了各种炒菜和炖菜，还有卤鸭、卤豆腐皮（素烧鹅）、马兰头拌豆干、卤牛肉、东坡肉、熏鱼、咸鱼、煎带鱼、夫妻肺片、糖藕等各种熟食卤菜。道宏快餐的米饭是木桶蒸出来的。早上同样出售白粥，附送小菜，但没有现做拌面。

　　两个店的菜品都非常丰富，做得也很好，让人食欲大开，价格两个店也是一样的：二素6元、一荤一素9元、一荤二素10元、一荤三素12元、二荤12元、二荤一素13元、二荤二素15元，包括米饭。

　　这两家平民食堂比邻而居，各擅胜场，虽然是竞争关系，但没有紧张气氛。到了中午，在附近工作的建筑工人、装修工人以及附近居民都来吃午餐了，两个店里坐满了人。劳动者们吃得不错，还喝点啤酒。

　　无论在哪里，当我漫游小街小巷时，我注意到劳动者都尽力善待自己，吃得不错。

　　我尽量选择非高峰时间前往，打菜的老板娘们对我都很友好。她们去南班巷上公共洗手间的时候，偶尔会看到我跑向东河。她们不忙的时候会问我参加了杭州马拉松没有，我也会给她们看我跑向马拉松终点的照片。

　　我常来这里就餐，两家我都很喜欢。有一次，我遇到一个老婆婆，仔细打包了三素一荤和米饭带走。她告诉我："外面蔬菜很贵，这里买点吃吃，合算。"

大鸿运食品

　　大鸿运食品在茅廊巷农贸市场一楼，售卖浙江各地风味食物，如龙游红糖发糕、海宁宴球、温州矮人松糕、湖州诸老大粽子、正宗诸暨年糕、桐庐酒酿馒头、临安土鸡蛋等。老板今年72岁了，穿得很

大鸿运食品店热情而乐观的大伯

时尚，看上去不过50开外而已。

他告诉我，生平从不忧愁，哪怕钱丢了也没关系。平时午后睡个午觉，有空时去健身房健身。与他搭档的是两个50多岁的女士，长得都很漂亮，穿得也很时尚。

我买过他们的海宁宴球、温州矮人松糕，常买他们的花生牛肉酱，15元，很下饭。

糟味卤煮熟食店

店名"老陈大肠店"，位于茅廊巷农贸市场一楼，夫妻二人经营。出售糟味、卤煮猪大肠、卤煮猪肚肺、旺鸡蛋（南京人最爱吃），冬季出售红烧羊肉，85元一斤。

兰溪佬水果店、兰溪炒货店

这两家店在茅廊巷农贸市场后门，茅廊巷里。兰溪佬水果店一年四季售卖水果。在秋冬季除了水果，现做现卖各式兰溪冻米糖，兼卖杨梅酒。兰溪炒货店也是一年四季营业，但主要靠秋冬季。制作椒盐花生、瓜子、兰花豆、榛子等炒货出售，同时售卖烤杏仁、小核桃、碧根果、炸红薯片、熟甜红薯等干果。椒盐花生米12元1斤，兰花豆10元1斤，这两样是住在我对门的保洁大伯和我自己天冷喝杯酒时的下酒好菜。甜熟甘薯18元1斤，我一天能吃完1斤。啊！

水果店和炒货店是一家，老板是同一人。

茅廊巷的各种手艺人为居民提供各式吃食

淮南牛肉粉丝汤、葱油薄脆饼、馅饼

兰溪佬水果店隔壁有一家淮南牛肉粉丝汤店，售卖淮南牛肉粉丝汤，现做现卖各种馅饼和葱油饼。老板每天早晨4点起床烙饼，烙一个葱油薄脆大饼需20分钟不到。晚上9点、10点休息，中午不午休，在茅廊巷开店已20年；儿子在老家城市读大学。

店铺虽然简陋但是整洁，虽然小但食物品种丰富。就馅饼而言，有萝卜丝、韭菜、榨菜肉丝、雪菜肉丝四种；就大的薄饼而言，有葱油薄脆饼、酱香饼两种；就酥饼而言，有甜咸两种；有油炸的粢饭；早上有茶叶蛋、牛肉粉丝汤、粥，全天有干点心如油果子、麻花、锅巴，老板还烤甜白面包。难怪中午没空午休。

现做的脆皮大饼

我经常购买葱油薄脆饼和萝卜丝馅饼，也吃过牛肉粉丝汤，10元，汤里有两三片牛肉、香菜、生菜两三叶，好吃。

采荷光头卤鸭

在丰家兜里、茅廊巷农贸市场对面有一家采荷光头卤鸭分店，只卖现煮的卤鸭和现烤的烤鸡。大厨每天早上5点多开始煮鸭子，一锅20多个鸭子，约煮一个小时后起锅。到上午10点，已经煮了5锅大约100多只鸭子，已全部卖光。

茅廊巷农贸市场门口的小贩们

曾黄昏时在菜市场门口见过磨剪刀的大伯，年近70，很威严。农贸市场里需要用刀剪的地方很多，大伯的生意应该很红火才对，但是最近我再也没见过他。

还曾在茅廊巷农贸市场门口见过两次卖近视眼镜镜框和太阳镜的小贩。只见他穿着老式西装、老式皮鞋，脸带病容，背着一个大包，手里拿着好几副眼镜，活脱脱一个从80年代走出来的人物。

每次看到他，我都觉得他从80年代末的供销社采购员一职（计划经济时代肥缺）下岗后直接走到了2016年。后来又曾在与丰家兜只隔一条佑圣观路（又称茶街，在这条街上营业的几乎都是茶叶商户）的南班巷里见过他好几次。

我很想光顾他的生意，可是挑了半天都挑不中。

有一次，我见到一位兜售"上海刀片"的中年大姐，在胸前挂着一个薄薄的小纸盒，盒子敞开着，摆着一些"上海牌"刀片。她母仪威严，是另一个从80年代直接走到2016年的人物。

茅廊巷轶事

钟毓龙，杭州人，清朝最后一代科举人，曾在宗文中学担任校长长达25年。他在主持宗文中学时，曾请书法家高鱼占书写宗文中学校训"质朴耐苦，诚实不欺"，并著有《说杭州》《浙江地理考》《上古神话演义》等作品，91岁高

茅廊巷农贸市场门口的小贩们

龄无疾而终。

他的儿子钟久安回忆父亲时谈道，《说杭州》用毛笔写就，40多本，近50万字，整整齐齐，厚厚的几叠。杭州的山、水、桥、坊巷、风俗、语言、寺庙、城邑、兵祸、学校、园林别墅，几乎没他不知道的、没写到的。

《说杭州》尚未脱稿，就有人前来借阅、传抄。1955年、1956年，卷首几章印成了油印本，50册左右，工整的蓝色钢笔字，出自钟毓龙的儿子钟久安之手。

书稿成型后，在湖滨书画社展览过，后来又有北京的单位请去展览，展览回来后正准备全书付梓，"文革"开始了。钟家被抄了11天，钟毓龙老先生没受什么虐待，但他的书和文稿都被装进麻袋拿走了。钟老先生对红卫兵说："我是个读书人，一生的工作也是教书，我知道你们各位先生是来破四旧的，这本《康熙字典》我看不能算四旧，能不能留下来。"他说话后，家里除了一本《康熙字典》，其他所有的书都被拿走了。烧书那天，钟久安趁造反派管得不紧，从书堆里抽出两本。造反派一走，钟毓龙则把被毁的部分，再通过记忆继续补写，一直补到1970年91岁高龄去世。

1983年，浙江人民出版社出版了《说杭州》11个章节的残本。2003年，钟毓龙的儿子、钟久安的弟弟钟肇恒多方搜辑，对缺失章节的细目予以增补。2005年，《说杭州》18章完整地出现在世人的面前。

钟毓龙于1936年出版小说《上古神话演义》。他还写过一篇中篇小说《奇妇人日记》，是根据一则史料写成的。

小说写完后，他将手稿装订好拿出去请人书法题字。书刚送出去，就碰上了"文革"抄家，这本书在书法家家里被抄走了。上世纪70年代末，钟久安听说手稿在杭州图书馆，他请政协和文史馆出面，把手稿拿回来了。80年代初正要出版，来了个通知，出版界要打击"精神污染"，钟毓龙的书名上因为有"奇妇人"三字，卡下了。

"他这一生，始终处于动荡不安的状态，但他始终没有放弃热爱教育、崇尚文化的信念。父亲比我大30岁。只要我活一天，我就想念他一天。他是一个了不起的学者和教育家，一个了不起的父亲。"钟久安回忆父亲时说。

钟久安晚年住在狭小简陋的一居室里，却向西泠印社无偿捐赠珍贵的家传印章两枚，捐赠3个月后，钟久安以95岁高龄逝世。西泠印社文物处专家邓京始终记得95岁的钟久安穿着白的确良衬衫，在镜头前微笑的样子。邓京看到钟久安居住空间逼仄，心里很难受，因为她想起了从前钟家在杨绫子巷12号住的深宅大院，大到有树林，可跑马。但钟久安自得其乐，阳台一角有一张年久日深的桌子，老人家每天坐在桌前习篆。

钟毓龙少年时曾在茅廊巷私塾读书。

在民国十年（1921），杭州酱业公所改称为"酱酒行业同业公会"，会址设在茅廊巷4号，会长陈星五。

佑圣观路

丰家兜从西往东走到尽头就是佑圣观路。

佑圣观路是杭州城区历史最长的道路之一。南宋绍兴十六年

杭州"茶街"佑圣观路

（1146），孝宗在此建宅第并居住30年，光宗赵惇、宁宗赵扩均在此出生。元大德七年（1303），建佑圣观。后观内设火药局，清顺治十年（1653）七月发生爆炸，殿毁人伤。民国六年，此巷拓宽，改称佑圣观路。1966年改名胜利路，1981年恢复旧名。

佑圣观在民国时废弃，新中国成立后作为杭州自行车厂车间使用，在21世纪初的旧城改造中被拆除，佑圣观路两侧互相交通的十几条巷弄也逐渐消失。

现在的佑圣观路南到河坊街，北到解放路。在清泰街到解放路之间的这段佑圣观路上，茶叶店铺一家挨着一家，人们又把这里称为"茶街"。

南班巷

穿过佑圣观路，进入南班巷。北宋时期，宋仁宗在南郊大祀时，赐皇族子弟官爵为南班（班即爵禄的意思），南宋时这里是皇族宗室聚居之地，因而得名南班巷。清人沈嘉辙写有《南宋杂事诗》："筑室南班傍帝畿，仙源家事已芳菲。凄凉望断中天路，朔雪横空雁影稀。"咏的正是南班巷。

进入南班巷，可以在路右手边见到一个公共卫生间，这就是南班巷公共卫生间。中午经过时，我经常闻到饭菜香以及环卫工人炒菜的声音。杭州有很多公共卫生间单独辟出一间，允许环卫工人使用。环卫工人以此为家，每天工作时间从早上6点到晚上10点，把公共卫生间打理得一尘不染。有关部门解决了环卫工人的基本住宿问题，解除了他们的后顾之忧，使得环卫工人以此为家，让公共卫生间时刻保持整洁，一举两得。

来到杭州后发现，不仅在景区和公共场所，很多小区也有干净整洁的公共卫生间，这不仅方便了小区居民，更方便了附近商家的工作人员和过往行人。

现在的南班巷里多是老式公寓房，房子老旧但不显肮脏，气氛很安静。

南班巷属于金钱巷社区。社区以一条小路为界，北边是南班巷小区，南边是严衙弄小区。严衙弄小区里同样有一个干净整洁的公共卫生间，真是十分方便。

值得一提的是，金钱巷在21世纪初旧城改造中消失，并入了佑圣观路。好在有关部门留下了金钱巷这个名字，让有心人能够循此找到一点有关历史的消息。

来杭州后发现，在杭州，连一条10米长的小路也会有一个漂亮的名字，比如位于西湖大道192号隔壁的九刀庙巷。第一次看到这么小的巷子，我简直不敢相信自己的眼睛，连连拍照。回来查资料，才发现九刀庙巷本来没有这么小。旧时巷内有九刀庙，传说庙中供奉九把大刀，指三国时期的名将关云长及其部将关平、周仓、王甫、赵累、廖化、伊籍、冯斗、程畿等九人，清末庙旁曾设巡警道署。1999年建西湖大道，九刀庙巷的南段成为西湖大道的一部分。如果相关部门不保留这个名字，并把这个名字赐予这剩余的10米长小巷，后来人哪里会知道这一段历史呢？

在杭州散步，每看到一个小街小巷的名字，我就忙着拍照片、记名字，回来查资料，乐此不疲。一个地名牵出一大段历史，99%如此。

前日我去到西湖大道，发现刻有"九刀庙巷"名字的铁皮牌从西湖大道的墙上消失了，赶紧走进巷中细细端详，还好，虽然刻有巷名的铁皮牌消失了，但巷内墙上还有刻着"九刀庙巷"巷名的小铁皮牌。谢天谢地！在我看来，只要"九刀庙巷"的名字还存在于这个不到10米的小巷子里，杭州就是一个好城市，因为这个城市知道珍惜自己的历史。提到杭州的小街小巷时，另一个不可忽视的事实是："文革"期间，所有街巷的名字都改成了"红色"的，比如韶山巷、笔杆巷、枪杆巷、灭资

"九刀庙巷"的牌子还在

巷，等等，1981年统统恢复为原名。到底是"杭铁头"。

南班巷穿过直大方伯（巷名，宋代时名中班街，与南班巷同为宋宗室子弟居住地。明仁宗时布政使应朝玉在巷内建大宅邸，布政使又称方伯，因名大方伯里，有横、直大方伯之分，横大方伯巷已湮灭于历史中），再走短短20米，就到东河边了。眼前出现一座桥，淳祐桥，淳祐是南宋年号。在秋冬季节，淳祐桥畔每天都有卖烤红薯的人。

就在东河边上、淳祐桥畔，有一个很大很漂亮、品种很丰富而只需要19元的素菜自助餐馆，店名叫素满香，餐厅很大，可容纳几百人就餐，经常可见素食主义者和公益人士在此聚会。几天前和友人去吃过一次晚餐，吃饱后，律师同学带路，竟走上噪音满耳的解

放路，我赶紧带她们拐进安静的茅廊巷。

这家素食自助餐厅在建国南路另有一家分店。东河边上的这家店，内部空间很大。即便不吃素餐，也可以入内走走看看，店员态度友好，不会干涉。杭州类似素食自助餐厅有不少，网上可以查到具体地址。萧山有一家素食自助餐厅，每天中午提供免费素餐，附近中老年人常常来吃。有时即便免费饭菜已告罄，餐厅工作人员也会下面条，不让来者饿肚而返。

东河边19元一客的素满香是
素食爱好者的天堂

（陈小小/绘）

02 阿伦特推荐步行路线

浙医二院→方谷园→小营公园→小营巷

从丰家兜与佑圣观路交界的地方往北望去，可以见到一座天桥。这座天桥建于2014年年底，2015年年初投入使用。从佑圣观路上天桥，下天桥到了马市街，马路右手的浙医二院（浙大医学院附属二院）映入眼帘。

浙医二院

第一次走到浙医二院时，就被医院门口的铁皮标牌吸引。这块牌子告诉我，浙医二院有着灿烂的历史。再细看浙医二院的室内外设计，包括大门前的雕塑，大厅里占据了整个墙面的两张老照片，悬挂在院子里铁栏杆上的海报，无不诉说着这个医院悠久的历史。

浙二医院门头

浙医二院的前身是杭州最早的现代医院——广济医院，由英国圣公会创立于19世纪末，苏格兰传教士梅藤更（David Duncan Main）从1881年开始主持。1926

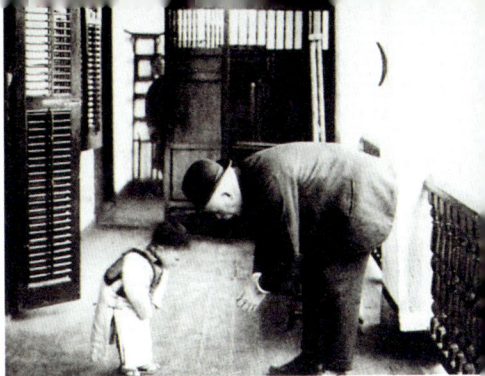

梅藤更与小患者互致鞠躬礼

年，梅藤更73岁时退休回苏格兰。1928年开始，医院由英国医生苏达立（Stephen Douglas Sturton）主持直至1951年，外国医生主持该医院的历史宣告结束。

走进住院部大堂，看到两边墙壁上印有两幅放大的老照片，占据了整整两个墙面。左边这张照片上，梅藤更与一个中国孩童互致鞠躬礼。右边那张照片是1950年医院全体工作人员的合影照，坐在前排中央者就是当时的院长苏达立。

1881年，梅藤更医生来杭州，时年26岁，妻子时年19岁。两人在杭州待了45年。梅藤更到杭州时，广济医院当时是戒烟所，没有自来水，没有电，没有药房，没有手术室；1926年他离任时，医院有500张病床，3个手术室、住院病人达4000例，是全国最大的西医医院之一。

当年有个四五岁的小病人，从来不笑。有一天，梅藤更医生模仿大公鸡，把腰弯下来，慢慢直起，身子往后仰，学鸡叫，小病人终于笑了起来。梅藤更认为，理想中的好医生应该具备三个H：Head（知识）、Hand（技能）、Heart（良心）。他在杭州的45年，是这三个H的最好诠释。他辞世后，墓碑上刻有四个汉字：仁爱而劳。

苏达立1896年出生于英国剑桥，1921年12月携新婚

妻子抵达杭州，任职于广济医院，1928年10月1日开始担任医院院长。抗战期间，苏达立主持医院，全力救济难民，抢救中国伤兵，与日军斡旋，保护杭州美丽的风景与历史文化。最后竟遭日军逮捕，被辗转囚禁于上海和北京的集中营，受尽折磨长达4年。直到1945年抗战胜利，苏达立才获得自由。1951年，苏达立离开杭州去香港，从此定居香港，直至去世。

苏达立被誉为"杭州的拉贝"，著有《从教会医院到集中营》（From Mission Hospital to Concentration Camp）一书，杭州本地报纸也曾数次报道过苏达立的故事。

1950年苏达立与医院同事合影（前排坐中者为苏达立）

方谷园

浙医二院北墙背后是一条细细的小巷子，名方谷园，东西向，仅210米左右。方谷园里有钱学森故居，钱学森故居隔壁是中共杭

方谷园

钱学森故居

州小组成立纪念馆，纪念馆隔壁是价格适中的招待所。巷子里靠近浙医二院的这面墙上，悬挂着镜框，配有详细的文字和图片，介绍杭州百年来的历史，比如"浙江省第一个工会组织"，"杭州地区历史上的第一"分布图，等等，常令我驻足而津津有味地细读。

根据刘晓伟先生著《杭州老街巷地图》记载，方谷园南宋时为禁卫兵金枪班、银枪班驻地，明仁宗时为布政使应朝玉宅第之后花园。相传应氏欲与《世说新语》中记载的豪富石崇的金谷园争比豪华，称花园为方谷园，此地因此得名。民国初年，方谷园归章家所有，后作为其女章兰娟的嫁妆归属钱均夫——当代著名科学家钱学森之父。

漫步在这条安静的小巷中，可以感受到历史之河已安静地流过。

小营公园

方谷园有一个高高的门通往小营公园。走进小营公园，"画楼西畔桂堂东"，中国传统式建筑让人赏心悦目，公园里有居民住宅、社区办公室、养老院、平民食堂，一应俱全，其间点缀着小路、亭子、假山、老树和竹林。

与杭州市区唯一一座古典园林西湖大道216号丁家花园相比，

小营公园里一律是中国古典建筑

小营公园的造园艺术可以说是比较简单的，但是整个公园层次丰富。它既是一座公园，又是居民小区，里面还有一座养老院和一个价廉物美、整洁干净的平民食堂。天气好的时候，在小营公园里散散步，然后在食堂里要几个可口的菜肴，坐在户外就餐，很惬意。

这个平民食堂名叫"小乐胃红巷老年食堂"，门牌号是小营公园10号。食堂隔壁就是养老院，名叫"红巷长青颐养园"。食堂面向所有人开放，环境整洁，菜肴可口，价格平民。

小营公园让我又一次觉得，如果说杭州是世界的园林，那么这园林是让老百姓住在里面的。

小乐胃红巷老年食堂

自从熟悉了这一带后,我常常在周末带着女儿,在方谷园这条安静的小巷子里看看杭州百年近代史上留下的一些痕迹和记载。在小营公园散步,再到小营巷流连,步履所及,无论建筑、文字、图片,到处都有良好而有益的刺激。

最后,在灿烂的阳光下,坐在小营公园里,吃着小乐胃红巷食堂可口的餐饭,这真是小小而又美好的享受。

我很赞同日本作家松浦弥太郎的一个观点:人应该熟悉自己住处周围的小地理。不是每一个旅行都需要大动干戈。如果熟悉周围的环境,不也可以随时小旅行,转换心境吗?

太平天国听王府所在的小营巷

小营巷

出了小营公园北门就进了小营巷。根据《杭州与西湖史话》记载,清咸丰十一年(1861)12月31日,太平军二次攻克杭州后,镇守杭州的太平军主将听王陈炳文在此设指挥部,称听王府,小营巷就是因为此而得名。

小营巷里的太平天国听王府至今保存完好。里面住满了居民,檐下挂着风鱼和风肉。他们很友好,允许我进去参观和拍照。一位大叔特地带我找到了留存至今的太平天国壁画,并告诉我,太平天国壁画在墙的高处,很小,要仔细看才可以看到。通过他的

太平天国的壁画依稀可辨

指引，我看到了壁画。

　　太平天国听王府隔壁是毛泽东参观小营巷纪念馆。毛泽东参观小营巷纪念馆对面的墙上，界碑标志着这座房子和整个小营巷古老的历史。

　　浙医二院、方谷园、小营公园、小营巷，既有风和日丽，又有雕梁画栋，其间隐藏着杭州和中国一百多年来的一些历史，值得一次次流连。

（陈小小/绘）

阿伦特推荐步行路线 03

欢乐巷（思澄堂）→觉苑寺巷→小塔儿巷→
大塔儿巷→清吟街（王文韶大学士府）→清吟巷

　　欢乐巷就在我住处附近，当我初次路过看到巷名时，觉得这个巷子应该不是很古老。虽然近在咫尺，却一直没有走进去细探究竟。其实欢乐巷明代时就有了，那时称为双井巷，清代称为官乐巷，从民国时开始一直叫欢乐巷。

　　一走进欢乐巷，就看到欢乐巷居委会。居委会门口张贴着茅廊巷社区地图，是清晰而严谨的手绘地图，把这一片的各个社区和建筑用简洁的方块画了出来，按照居委会各个工作人员的管理辖区，涂成了不同的颜色，还注明了各个网格的长度，让人很是佩服。

　　旁边张贴着我在杭州小街小巷里漫游时常常看到的好邻里图，通过文字和照片表彰一些热心邻里公益事业的市民。从中不仅可以了解到热心公益的人士和动人故事，也可以借此了解百姓的基本需求，比如孤独老人的守护、居民楼水电管道的维修、最基本的医疗服务等。每次看到好邻里图，我都会停下细看，拍照存档。

　　往欢乐巷深处走去，一幢门牌号码为46号的房子跃入眼帘。看外表是一幢很大的老房子，刚刚粉刷过。见我拍照，在门口晒太阳的老人说起了杭州话。我问："阿姨，可以拍照吗？""可以。""这房子是老的还是新的？""老的，100多年了。外面他们刚刚弄过。"

　　我花了点时间沿着这幢老房子四周看了看，惊叹它的雄伟。即便历尽沧桑，气势却掩盖不住。

思澄堂

　　欢乐巷与基督教思澄堂面对面，中间隔着解放路。从丰乐桥地道过解放路，出地道，一上马路，右手边就是思澄堂。

　　1868年，美国传教士葛宁与中国牧师张澄斋在皮市巷长老公会设讲道堂。1871年，教会购得丰乐桥畔关姓房屋一所共四进，后三进改造成洋房，作为牧师住宅，前面平厅改为礼拜堂。因信徒增加，再建新堂，1924年动工，1927年建成，就是思澄堂。思澄堂是杭州最老的基督教教堂之一，门牌号解放路132号。砖木结构，三层建筑，清水砖墙，挑檐屋顶，内部修饰精美，兼具西方

思澄堂是杭州最古老的基督教堂之一

思澄堂（1930）　　　　　思澄堂钟楼（1930）　　　　晚年的张澄斋牧师

基督教会的建筑特点和中国民族特色。思澄堂原来还有一座钟楼，后因解放路拓宽，钟楼遭拆除。

　　教堂墙上悬挂着本堂历史和人物的老照片，其中有1930年思澄堂新堂建成后第一任牧师范光荣一家的照片、思澄堂长老舒鸿的照片（舒鸿还是奥运会第一位中国裁判）、1983年坎特伯雷大主教伦西访问杭州来思澄堂参观的照片等。通过这些照片，观众能对这个最古老的杭州教堂以及基督教在杭州甚至在中国的发展历史有初步的了解。

　　我虽非基督教徒，但订阅了思澄堂和崇一堂的公众微信号。他们的公众号文章写得非常不错，短而且有力。

思澄堂内外景一瞥
（杭州市历史建筑保护管理中心/供图）

觉苑寺巷19号建筑（杭州市历史建筑保护管理中心/供图）

觉苑寺巷

　　思澄堂隔壁就是觉苑寺巷，觉苑寺巷的巷名就钉在思澄堂的墙上。

　　刚开始觉苑寺巷没有引起我的注意。它的形状犹如把字母"L"顺时针旋转90度后的样子，从思澄堂这边看过去一眼到头，我以为觉苑寺巷就这样到底了。后来，在小街小巷里步行的经验逐渐丰富后，我才明白：从前杭州城中寺庙很多，如今绝大部分已消失。好在有关部门保留了不少寺名作为小街小巷的名字，让后来者和有心人借此深入探索一点有关历史的消息，比如潮鸣寺巷、长明寺巷、比胜庙巷、九刀庙巷、大王庙巷、姚园寺巷、遥祥寺巷、金刚寺巷、戒坛寺巷、觉苑寺巷……如果看到一个小街小巷的名字里面带着"寺""庙"字样的，一定要走进去看看，因为这里从前必然有一座寺庙。

　　觉苑寺巷南起解放路，北折东至小塔儿巷。南宋时，这里盖起了一座觉苑寺，寺内有城心塔。前文说过，清同治七年（1868），美国传教士葛宁与中国牧师张澄斋在巷内开设讲道堂。民国十六年

（1927），教堂在巷南端西侧丰乐桥畔建成新堂，名思澄堂。

从思澄堂隔壁进觉苑寺巷，走到觉苑寺巷19号时，可以看到一座非常气派的老房子。老房子门口立着一块石碑，标明这是杭州市历史建筑，建于20世纪20年代，院落式布局，半敞开天井，有雕饰铁栏杆和雀替（中国古建筑的特色构件之一，宋代称"角替"，清代称为"雀替"，又称为"插角"或"托木"）。这是个很有意思的老房子。它处于字母"L"顺时针90度后的拐角处，连接觉苑寺巷和小塔儿巷。它的一边连接着浙医二院住院医生的宿舍，另一半连接着门牌号码为小塔儿巷22号的两层楼老房子，老房子的表面刚刚粉刷过。里面没人，我进去看了一下，房子似乎没有得到很好的使用和保护。

2016年6月下旬，我又去觉苑寺巷，发现觉苑寺巷19号建筑已在修缮中，一楼正房里悬挂着一条红色标幅"祝新华书院开工大吉"，看来修缮后这里将成为一家教育机构。

曾经的觉苑寺巷19号（杭州市历史建筑保护管理中心/供图）

小塔儿巷、大塔儿巷

过觉苑寺巷19号杭州市历史建筑，就进入了小塔儿巷。沿着小塔儿巷往南走，可以看到一幢干净、整洁、温馨的老式公寓小区。往北走，是另一幢干净、整洁、温馨的老式公寓房建筑。到了这幢建筑就到了小塔儿巷和大塔儿巷的交界处。前文说过，小大塔儿巷因为毗邻觉苑寺，寺内有城心塔（位居城市中心之意），两条巷子由此得名。1966年，大、小塔儿巷改名为灯塔巷，1981年

恢复旧名。城心塔也早已湮没
于历史的尘埃中。

小塔儿巷和大塔儿巷的指
示牌用不同颜色标明，让行人
更容易分别，这是有关部门工
作人员细心的地方。

杭州的文明是建立在种种
类似的细心呵护的基础上的，
值得赞美，值得珍惜。

著名"雨巷诗人"戴望舒

觉苑寺巷与小塔儿巷拐角处
（杭州市历史建筑保护管理中心/供图）

就出生在大塔儿巷。据戴望舒长女戴咏素回忆，戴望舒出生地为
大塔儿巷36号。戴望舒一生颠沛流离，感情生活曲折起伏，45岁
英年早逝。他的出生宅第毁于1992年，之后那里建起了公寓楼。
如今的大塔儿巷以老式公寓楼以及各种店铺为主，市容较为粗糙，
不像小塔儿巷内那么整洁安静并给人以归宿感。戴望舒在《雨巷》
中吟诵的美，如今在大塔儿巷已经不容易找到了。

沿着大塔儿巷向东走，一直走到南北向的皮市巷。拐进皮市
巷，往北稍走片刻，就到了东西向的清吟街。这时可以见到马路
对面有小营小学。

王文韶大学士府

沿着清吟街向西走，片刻就进了南北向的清吟巷。清吟巷是
一条细细的小巷子，巷内很寂静。我第一次去时是午后，见到两
三个女子围着一个大约四五岁的孩童。其中一个戴红帽子的女子，

行人骑着"小红车"经过王文韶大学士府

正在用手中的自动理发器给孩童理发。

一个很气派的大房子跃入眼帘。王文韶大学士府，建于1871年，杭州市文物保护建筑。门锁着。

王文韶，杭州人，晚清重臣。王文韶在北京当官时，明哲保身，属于中立派，慈禧很信任他，同时他又力保光绪。慈禧软禁光绪后，到了冬天，王文韶知道慈禧还没给光绪送冬衣时，故意穿了一件很单薄的衣服上朝。慈禧说："你那么大年纪了，多穿点衣服。"王文韶马上答道："皇上也没有穿厚的衣服，作为臣子，我怎么敢穿呢？"慈禧听后，赶紧派人给光绪送去冬衣。

当我第二次到王文韶大学士府在清吟巷紧锁着的门口驻足时，一位笑容可掬的阿姨告诉我，王文韶大学士府目前有人在用，正门在清吟街。我绕回清吟街，看门牌号是清吟街127号，目前属于西泠印社拍卖有限公司使用，谢绝外人参观。

阿姨还告诉我，清吟巷王府门口的那一大片叶叶娇是她种的，她还种了紫苏。

从清吟巷出来，经清吟街、皮市巷，步行回家，了解了更多关于王文韶的轶事。

王文韶祖上曾居清吟巷，后家道中落。待王文韶当上大官后，了解到曾有五只红蝙蝠绕梁飞行于祖宅，认为是吉兆，遂耗巨资兴建王文韶大学士府流传至今。王文韶死后葬于小和山，墓地很有气象，在1957年前后被毁，棺材被扔，遗骨迁往扇子山附近竹林里，如今只剩一个"小土包"。（2008年4月15日《杭州日报》报道）

在当初考虑要不要让西泠拍卖入驻王文韶故居之前，杭州市政府有关部门做过一番严苛的论证。在严格执行保护协议的前提下，多方达成共识，让一家传承西泠印社百年文脉的文化企业进场，"不仅不会破坏这里的古雅之气，反而会让这里焕发出新生机"。（2009年12月11日《杭州日报》报道）

西泠印社入驻王文韶故居，让这里焕发了生机

阿伦特推荐步行路线 **04**

皮市巷（杭十中）→宗文弄

　　皮市巷和马市街是两条古老的街巷，都在解放路北侧，两巷平行，相距很近，之间有小巷相连。皮市巷在南宋时曾设富藏库，收管昂贵皮裘，后改名为元帅庙。明代称福佑巷、升平巷。清代先称福佑巷，后称皮市巷。1966年改名阳光巷，1981年恢复旧名。旧时皮市巷以永宁院为界，界南为上皮市巷，界北为下皮市巷。巷两端均有四眼井，称上四眼井和下四眼井。

　　如今的皮市巷是一条安静的小巷，旧时用来区分上下皮市巷的永宁院是一个更小的小巷，并且几乎成了老式居民小区里的一条过道。旧时上皮市巷入口处有四眼井，现在四口井的井口已经盖上，仅作为景观供过路人观看，不再作为日常水井使用，非常遗憾。皮市巷中段有两口水井，继续使用中。下皮市巷

皮市巷中段有两口老井仍在使用

的四口井中有一口井在使用，其余的井口均盖上了。

在数千年历史长河中，杭州市民们是靠水井为生的。在夏天，古井还是一个天然冰箱，可以用来冰镇西瓜。在杭州的小街小巷中漫游时，我注意到古井多已被填埋，杭州市政府相关部门也已经意识到了这个问题。

早在2009年，杭州市政府开始有意识地保护水井，当年就完成200口水井的保护工程。虽然距市政府相关部门有意识地保护古井已过去七年，但在杭州的小街小巷中，被填埋的古井依然经常可见。对杭州这座一步一历史的古城来说，古井犹如"心泉"，又好像眼睛。希望杭州所有的"心泉"都能通畅，并且那一天尽快到来。

清嘉庆十一年（1806），嘉兴人周士涟在三桥址定安巷创办宗文义塾，专收贫寒子弟与孤儿免费入学，先后得到大学士王文韶和"红顶商人"胡雪岩资助。后来义塾迁址于皮市巷。新中国成立后，学校改为杭州第十中学。

如今的杭十中历史上即为知名的宗文中学，学校门口正对着宗文弄。宗文弄东西向，共153米。这条弄堂虽不长，但有一个很大的老房子，现有多户人家居住。在杭十中门外墙上，有很多张图片伴随着文字，描述了这所中学悠久的历史和拥有的众多知名校友。

杭州第十中学大门

周士涟（1756—1834），嘉兴新丰镇人，清朝教育家。他有感于孤寒子弟因贫废学，于嘉庆初年（1796），倾其所有，与友人在新丰镇创办平林义塾，接着又在周围办起盐溪、尚文、里仁三所义塾。办学之初，讥讽之人不计其数。清廷礼部尚书协办大学士汪廷珍在嘉庆九年（1804）奉旨视学浙江，闻周氏义举，作《嘉兴新丰义塾记》，全文载入《嘉兴县志》："义学者，所以济乡学之穷也。然非好义者不能举，好义而无力亦不能举。周生家无担石而克举之，卒底于成，此殆孔子所谓欲立立人者哉！方周生之倡议也，有百计阻之者，卒不懈，人以为难。"

嘉庆十一年（1806），周士涟受杭城名绅郭星桥、沈典虞、唐竹仔盛邀，得嘉兴名绅汤绍歧以及杭州社会名流鼎力资助，在杭州三桥址定安巷赁屋创建杭州宗文艺学，这是杭州首家招收孤寒子弟、免费供膳的义学。周士涟把家搬到杭州，击磬募捐，寒暑无间。嘉庆帝于十八年（1813）为之钦颁御书"乐善好施"匾额。1821年，清太子太保、杭嘉湖道林则徐感于周士涟义举，作《宗文义塾记》以彰其迹。1822年，林则徐又感于周士涟之义德义行，再撰《杭嘉义塾添设孝廉田记》以彰道："诚使一乡一郡县之间，

杭州宗文义塾创始人周士涟

尽得一二如周生其人者，奖掖寒畯，宽然与以读书之岁月，足以推广学校之化，而为人才造就之阶。天下不少好义之士，吾愿闻周生之风而兴起者众也。"周士涟毕生办学，晚年著《杭嘉义学合志》，现珍藏于南京图书馆。他的后裔周良才是清末补邑诸生、南社社员，曾考入浙江武备学堂，因病辍学回家。他继承祖上遗志，参与筹备平林义塾改组工作，创办平林两等小学堂，并义务教课数年。

1860年，宗文义塾校舍毁于太平军战火。1867年，清浙江巡抚马新贻同意杭州名绅丁申、丁丙（《武林坊巷志》的作者）、沈映钤及宗文义塾旧生周兰联名上表，把杭州皮市巷南园（现址）拨给宗文义塾。

民国时期，宗文义塾叫宗文中学，校训"质朴耐苦，诚实不欺"。前文记叙的杭州学者钟毓龙曾任宗文中学校长25年。

1923年宗文中学学生文学社"蓝社"成立，社长为戴望舒，成员有张天翼、叶秋原、杜衡、施蛰存。

1949年以后，改名杭州第十中学。1981年，杭州市政府把学校正对面的新开弄改名为宗文弄，以表达对先贤的敬意。

至今，杭十中的大门上仍刻着"宗文"二字。

杭十中大门上的"宗文"二字

学校知名校友很多，有文学家戴望舒、张天翼、叶秋原、杜衡、施蛰存，音乐家刘大白、美术家董希文（北京天安门"人民英雄纪念碑"创作组组长，油画《开国大典》《春到西藏》《红军过草地》等的作者）、史学家吴晗和很多科学家。

　　沿着皮市巷往北走，可以见到老式公寓房社区。走进这个社区后，又发现了新的小街小巷：乌龙巷、上八界巷、孝友里、紫金观巷（东起皮市巷，西折南连杨绫子巷，转北连孝友里。元时巷内建紫琼观，清时改为紫金院，巷以此名。1966年改名五星里，1981年改回原名）。

　　在这些安静的小街小巷里钻来钻去，闻着早春雨后温润的空气，心思也变得像从前的时光一样，单纯了起来。

05 阿伦特推荐步行路线

六克巷→岳官巷（吴宅）→林司后
→杭丝印巷→新华路（明宅）

沿皮市巷继续往北走，过了庆春路后，走进六克巷。

沿着六克巷往北走不过一两分钟，路边右手有岳官巷路牌，随即一所大房子进入视线。

我在写这本书之初，就决定不参考旅游指南，不抱着游人的心态去了解自己生活的这座城市。每天从住处出发，走进一条条小街小巷里，看看里面到底有些什么。位于岳官巷中并紧靠六克巷的吴宅，就这样与我不而遇。

岳官巷4号吴宅

吴宅建于明朝中叶，如今左边一半建筑是一家影视公司，右边一半是古玩市场。古玩市场门口立有一块木牌，标识古宅内禁烟的通告。

一进门就看到墙上有吴宅平面结构图和吴宅简史文字：

吴宅位于六克巷和岳官巷的交界处

　　吴宅原为殳民世居（殳民世其人身世不详），清乾隆孙莘居此（孙莘其人身世亦不详），咸丰间吴振域购得。现存的吴宅占地3500平方米，有轿厅、守敦堂、载德堂、锡祉堂、肇新堂、四宜轩等，还有回廊、夹弄、天井、厅轩、厢房、别院等。平面布局是明代特点，建筑构件雕刻古朴精致，圆满流畅，为江南明清时代民居实例，在国内有一定知名度和影响。

　　进门，穿过轿厅，看到正堂。栋梁很高，整个建筑气势非常雄强。走进了四家古玩店，有三家老板边守着店边盯着电脑上的股票。问其中一个老板为什么不写一本关于古董的书而炒股呢？他说网上看看就可以了，书卖不掉，炒股票赚来的钱还可以买东西。

　　我觉得网上的东西跟书还是不一样的。

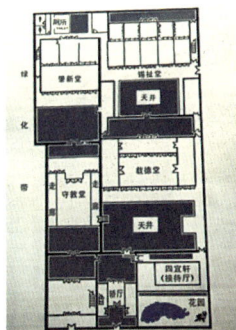

吴宅平面图

岳官巷吴宅是古玩市场

吴宅守敦堂砖雕门楼

如果一家古玩店的老板有一本自己写的古董书，从他店里收集的古董写起，写背后的故事，写一个小小的古董身上折射出来的中国传统文化，这是不是很有意思呢？

吴宅锡祉堂厢廊牛腿

六克巷、林司后、杭丝印巷

从吴宅出来，沿着六克巷继续往北走。

六克巷清朝时有不少私家花园。根据2013年8月27日《青年时报》文《六克巷里的童年生活》（作者陈培新）记载，他的童年是在"文革"前度过的，那时六克巷除了中间一带是沿街房子，巷头和巷尾都是高墙围起来的墙门。

而现在墙门已全部消失不见，举目望去，六克巷只剩商铺和小区。

六克巷走到头，接上了林司后。据《武林街巷志》记载，宋时为翰林司营所在，故名。翰林司属光禄寺，主办果实茗药。翰林司营则保护翰林司。我觉得林司后这个名字非常美丽。

林司后巷子里有一个小巷子，叫杭丝印巷，这里原来有杭州市丝绸印染厂。上文《六克巷里的童年生活》作者陈培新少时在丝绸印染厂里玩耍时差点被机器卷掉胳膊。幸好工人反应及时，拉掉电闸，才保全肢体，只留下巴掌大疤痕。

林司后巷中、杭丝印巷入口路边坐着一位修鞋大伯，工具齐全，气场十足。大伯全名叫徐文泉，绍兴上虞人，56岁，修鞋工龄40年。徐大伯租住凯旋路上一个地下室，15平方米，每个月800元租金，修鞋之余喜欢看书读报。别人问起杭州哪里纽扣、拉链或布料最多，他如数家珍。面对拿来的各种问题鞋子，徐大伯看一眼就能做出判断。他手艺好，人品好，30多年下来积累下不少老顾客。很多人看到他每天风雨无阻，盘腿坐在巷子口摆摊，问他为什么不开个门面？徐师傅说："在这租个店面好几万一个月，这些钱都得摊在客人身上，现在我收别人1元钱，以后就得收别人10元。"

新华路明宅

林司后走到底，就到了杭州环北丝绸服装城。沿街尽是丝绸店铺和各地服装商人，以及叫着"四季青！四季青！"的出租车司机。

右拐到凤起路、左拐到新华路，向北步行数分钟，就到了新华路（原名忠清巷）227号明宅。

明宅正门墙上有一块金色大匾，上写"杭州中国丝绸城"。正门锁闭，我从北门进去。

阳光很好，院中有衣服和苦瓜干正在晒，应有人居住。但在我逗留约半个小时期间，无人出现。

现在的明宅，是茅宅、陈宅两座明代建筑的总称。陈宅原来在拱墅区霞湾巷15号，京杭运河江涨桥段拓直时，搬到了这里。茅宅有前后两进，一进是近年重建，二进是明末清初建筑，为五开间厅楼。陈宅一进及南北厢房均是近年重建，二进是明末清初建筑。

院中立石碑，碑上有文字抄录如下："杭州明宅位于新华路267号，占地2.8亩，是杭州为数不多的明代民居建筑，现为杭州市文物保护点……杭州明宅的遗存，为研究杭州地区历史上民居建筑的发展、变迁及风格提供了宝贵的实物资料。"

院中有"小憩亭"，亭中有"杭州中国丝绸城管委会党务政务公开栏"的匾额，详细规定各种规章制度。推测以前这里是丝绸城的管理机构办公场所，但现在已人去房空。

从明宅出来，沿着十五家园、西健康路一带闲逛，可以游览杭州环北丝绸服装城。

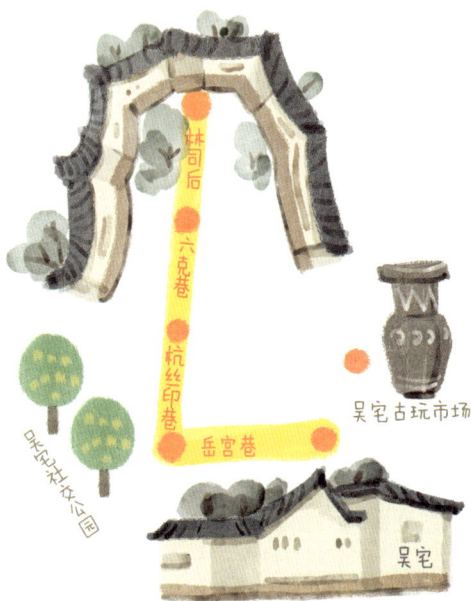

林司后
六克巷
杭丝印巷
岳宫巷
吴宅古玩市场
咪咕社区公园
吴宅

(陈小小/绘)

06 阿伦特推荐步行路线

马市街→冯山人巷（英国圣公会牧师楼）
→大王庙巷→上八界巷

在小营巷与马市街交界处路边所立石碑上，我抄录下了如下一段文字：

马市街南宋时称升平巷，因有马市在此，故又称马市街。巷名沿用至清，清朝时分上下马市巷，光绪年间统称马市街，民国后沿用，1966年更名为向阳巷，1981年复名马市街。后将路北的肃仪巷并入，统称马市街。肃仪巷原建有元大统年间的佛慧寺，俗呼寿火星庙。清光绪时寺的一半卖与宗文义塾办学，另一半为英国传教士梅藤更用来办浙医二院。现马市街小学址即为宗文义塾。肃仪巷地名在马市街拓宽改建时已消失。

马市街122号，是一个安静整洁的老式公寓社区。隔壁的马市街126号也是一个老式公寓社区，我在庭院里逗留了几分钟。有高手在小区里做了一个庭园，喷水池、植物、鲜花、小小的西方人物铜雕以及一些中国传统故事里的人物，一应俱全，赏心悦目。公寓小区非常整洁干净。

马市街126号老年公寓小区内的微型园林

从马市街126号出来，向北走几步，街对面一幢气势非凡的建筑跃入眼帘。马市街175、176、177号，建于民国时期，三层砖混结构，坡屋顶。现在看去，里面似乎已经无人居住。门紧锁，无法进去参观。从资料上得知，房间里有砖砌壁炉和木质楼梯。

查资料得知，1869年，英国圣公会委派传教士麦多医生在杭州横大方伯行医传教，设立戒烟所。梅藤更来杭后，在戒烟所的基础上开始工作，创办广济医院。马市街175—177号距离广济医院数分钟步行距离，当时是西方医生的住宿地。

如今这幢三层楼老房子正对着马市街社区居委会和马市街社区警务室，

气势非凡的马市街175-177号历史建筑

马市街175-177号民居建筑鸟瞰（杭州市历史建筑保护管理中心/供图）马市街177号建筑东面青石台阶

秩序井然。从这里可以看到中国政府基层机构的工作情况。

马市街175—177号气势非凡，每次去都发现门窗紧闭，心里总是觉得遗憾。

福川裕一在《拯救商店街大作战》中讨论到，可以在历史建筑和老房子里开工艺品工作室。可以把老房子用来当作鼓励年轻艺术家和孩子们的创造力并且有助于提高周围居民艺术文化修养的场所。

继续设想，相关产权单位是否可以把这类历史建筑低价租给穷作家或者穷艺术家，让他们在里面开工作室。既然低价，他们必须承担相当的义务。比如，他们可以把那么多没地方放的书放进去，作为公益图书馆对外免费开放，如何？或者给贫穷的年轻艺术家办展览会，给年轻的音乐家提供场地举办音乐会，请一些作家学者来做演讲，按照平民承担得起的低廉价格收门票，以维持一些基本的水电和保洁支出。这样既激励了年轻艺术家的工作，又让周围居民提高文化艺术生活水准。是否可行？

据2016年3月16日《都市快报》报道，天目山路杭州市福利院13岁的宋楼阳同学，患有自闭症，

冯山人巷的古树远远就能看见
（杭州市历史建筑保护管理中心/供图）

在福利院孟醒老师的帮助和陪伴下，画出了许多美丽的彩色油画。"之前，中国美院有个老师看过他的画之后说，想帮他办个画展，但因为种种原因没有办。阳阳现在已经有很多作品了，要是能把画展办起来，他也会很开心的。"

给宋楼阳同学在这个地方办个画展如何？

冯山人巷6号原是杭州基督教圣公会牧师楼
（杭州市历史建筑保护管理中心/供图）

冯山人巷英国圣公会牧师楼

从马市街175—177号向北走几步，就到了冯山人巷。还未进入冯山人巷时，就远远地看到一棵古树。有古树在的地方往往有历史。

走进古树所在的冯山人巷6号，在院子里发现了一幢杭州历史建筑，墙边石碑标明这是建筑于清末的三层中西合璧式建筑，原来是杭州基督教圣公会牧师楼，现在里面住满了居民。

略略一想，就可以把这一带的地理和历史串联在一起：浙医二院是英国圣公会所派梅藤更医生在戒烟所的基础上创办的，马市街175—177号问世之初是西方医生的住所，冯山人巷6号是圣公会牧师住所，一脉相承，毫不奇怪。

旅居日本京都的作家苏枕书在《有鹿来》一

冯山人巷及巷中悠闲的居民（杭州市历史建筑保护管理中心/供图）

书中写到，游客到京都游玩，只能看到京都人收拾妥当专供游客的"外"，而看不到京都人日常生活于其中的"里"。杭州亦如是。像冯山人巷这样安静而深藏历史的小巷子，就是杭州的"里"。

冯山人巷东起马市街，西至皮市巷，明称蒌扇巷、逢三辰巷，又因有冯延槐（自号二酉山人）住此巷内，又叫冯山人巷，冯延槐著十卷《武林近事》，后毁于火灾。

从冯山人巷出来后，再度回到马市街，见到马路对面有大王庙巷巷名指示牌。走进大王庙巷小区，看到了比较特别的老式公寓建筑设计。公寓楼外，从地面直接建起大阶梯，直达二楼。而常见老式公寓楼的公用楼梯，几乎都是建在公寓楼里面的。

回到马市街，向北步行，不过数分钟就到了庆春路，这一带临街商铺都带有骑楼。庆春路111号小区入口临街处有一个杂货店。杂货店主人搭建了一个简陋然而温暖的开放小空间，并提供开水。过路人如果买了杂货店的食物，比如馄饨、拌面、泡面，可以坐在这里吃。如果只是累了，也可以买一瓶饮料，坐在这个温暖的小空间歇歇脚。从这里可以眺望冯山人巷6号圣公会牧师楼的后墙。

每次路过，都要停下来看看这个简陋然而温暖的小空间。有

大王庙巷老式公寓楼的独特阶梯

一次我路过，跟老板娘要了开水，把我随身携带的保温杯充满，老板娘也答应。

继续往前走，就看到了上八界巷。走进上八界巷里，沿着巷子的走向朝着巷子的深处，就可以见到一幢民国时期的传统木构院落式建筑，墙界石碑上刻着"竞新厂"的繁体字，门牌号为孝友里19号。据考证竞新厂是民国时期首批采用日本提花机生产丝绸的绸厂之一，到抗战时期，当杭城大部分绸厂被日本人占领时，竞新厂成了为数不多的民族工业之一。

沿着孝友里再往里走，就到了上文说过的皮市巷衍生出的各个小街小巷——紫金观巷、乌龙巷等。

（陈小小/绘）

阿伦特推荐步行路线 **07**

回回新桥→芳润桥弄→缸儿巷→日新桥弄 →积善坊巷（章宅、蒋抑卮故居）

从住处出来，步行约5分钟就到了回回新桥。每次走上回回新桥，看大公交车在桥那边的丰乐南站停下又开出，看公交站台上广告中赵雅芝白衣飘飘，打着一柄红色油纸伞，立于两朵荷花之上，又像立于一座桥上。这时就感觉到：在杭州了。

杭州公交站台上迎接G20的宣传画

杭州有很多桥，杭州这座城市是和桥联系在一起的。杭州的城市logo好像一叶舟，又好似一座桥。

《都市快报》上每天都有一版详细的天气预报，顺带介绍一些当季的水果，初夏的时候介绍过西瓜、莲子和藕，初秋的时候介绍过菱角和无花果。我很喜欢看这个栏目，里面常有中国传统成语、掌故和故事。2016年杭州入梅那一天，天降大雨。文章调侃道，白娘子来找许仙了。有一阵雨特别大，那是白娘子生气了。我很喜欢这个版面。

回回新桥在中河之上，宋称道明桥，元代，这一带是殷富的西域客商聚居之地，他们多从事珠宝业。桥旁旧有回族礼堂，今已不见。明称积善桥。回回新桥旁边旧时有一条小巷，叫做珠宝巷。以回回新桥为界，珠宝巷分为上珠宝巷和下珠宝巷。及至明清，这里仍然聚集着大量的商栈。咸丰年间，胡雪岩的第一家钱庄"阜康"钱庄就是在珠宝巷开张的。

到了抗战前夕，珠宝巷仍非常兴盛。抗战期间，珠宝巷商人逃亡殆尽。抗战胜利后，他们重新回归故里，白手起家。1949年杭州解放后，市军管会发出公告：禁止金条和银元自由买卖。金银饰品业关闭后，巷子里陆续开出古董店。1957年公私合营，巷子里的几个店铺合并到了湖滨文物商店，珠宝巷就此逐渐没落。90年代，珠宝巷与清泰街交界处的几幢西式建筑陆续被拆。现在，珠宝巷已经荡然无存。

过回回新桥，过中河中路。中河中路是一条繁忙的马路，上有高架，下有马路，车辆很多。但只要行人出现在斑马线旁边，车辆就会停下来为你让路。特别是大公交车，一见到斑马线上有行人，远远就稳稳地停下。当初刚从"魔都"迁至杭州时，看到公交车为我让路，顿觉受宠若惊，觉得特别不习惯——这是出国旅游时才能享受到的待遇啊。习惯后就一边观察路况，同时心怀感激，快速通过。

中河中路高架下公交车带领私家车"礼让斑马线"，让行人通过

虽然车辆会为行人让路，但你仍需留意，谨防车辆速度太快，离你太近，或有些私家车司机急着赶路。

在斑马线前无视宝贵生命而横冲直撞，是文明落后的体现。杭州文明程度排在全国城市前列，"礼让斑马线"是重要体现之一。

芳润桥弄、 缸儿巷

经斑马线穿越中河中路，进入芳润桥弄。芳润桥弄是一条很短的小巷，只40米。但在杭州，巷子再小，也有名字。进芳润桥弄，没走两步就会发现与芳润桥弄呈90度相交的缸儿巷。

缸儿巷是一个南北向的细长小巷子，南到开元路，北到解放

芳润桥弄和缸儿巷交界处

路。明代时，缸儿巷叫铁线下巷，清代叫缸儿巷。民国时，缸儿巷14号设南北货商行同业工会，当时巷南有连升阁茶楼，是杭州收旧货者议事之所。1966年缸儿巷改名"更生巷"，1981年恢复旧名。如今的缸儿巷里有很多老房子，外表均已粉刷一新，巷子里非常安静。

芳润桥弄里有一个弹棉花的小店。进入冬季后，弹棉花小店的生意进入了旺季。弹棉花小店隔壁是一家风格粗犷的鱼店，卖新鲜河鱼为主，冬季另卖舟山出产的白酒腌螃蟹，35元一只，我至今未尝过。

芳润桥弄通往光复路，和光复路交界处有一个老旧杂货店，卖日常生活用品，室内墙上挂着店主人一家放大后的老照片。门

缸儿巷

居民晾晒的风鱼

面早上出售拌面、馄饨等早点，生意很好，到中午了仍有人坐在门前小桌子边吃拌面。

每次走过老旧杂货店，就想起在80年代早中期度过的童年。那时街上的杂货店就是眼前这家老旧杂货店的样子。每次走到这里，时光仿佛为我倒流。

日新桥弄

在芳润桥弄尽头横穿光复路，进入日新桥弄，这也是一条小巷，只有50米。日新桥弄和光复路交界处有一家中式早点店，店面虽然小而自有气象。

日新桥弄走到尽头就到中山中路，穿过中山中路就到了积善坊巷。日新桥弄和中山中路交界处有泰山堂中医门诊部。

来到杭州后发现杭州中医文化盛行，中医馆很多。就中山路而言，在中山南路与大井巷交界的地方有胡庆余堂中医博物馆，在日新桥弄和中山中路交界的地方有泰山堂中医门诊部，在中山北路有张同泰中医医院。这些都是气派很大的中医馆，建筑均是西式历史建筑，气势雄伟。更不用提建国路中医一条街，以及全中国最美丽的中医院梁宅了（下文详述）。

积善坊巷章宅外景（杭州市历史建筑保护管理中心/供图）　　　　云阁堂余正门

积善坊巷（章宅、云阁堂）

由日新桥弄横穿中山中路，进入积善坊巷。这是一条历史悠久的小巷子，不到200米。巷中大理石墙面上镌刻着图文，描述着小巷的历史。

积善坊巷在宋时称上百戏巷，当时有百戏伎艺聚集于此。清朝时，顺治年间进士、康熙年间文华殿大学士兼吏部尚书黄机的家就在巷里。黄机官宦40余年，清廉自爱，孝顺祖母，世人称为"太平良相"，祖母蔡氏活到104岁才去世。当时人们把这条巷子为积善坊巷，又称百岁里。

积善坊巷3号是一幢建于19世纪70年代的木头二层建筑，是杭州极少数留存于今的近代建筑之一，名章宅。2009年9月16日《钱江晚报》记载，85岁的丁有守从1954年开始就住在此处，他告诉记者，这原来是钱学森外

积善坊巷章宅内景

云阁堂外景（杭州市历史建筑保护管理中心/供图）

公建的房子。他们搬进来的时候，钱学森的舅舅还在，叫章乐山。
当年40多平方米的房间，租下来每个月要花5斗米。承蒙住户大伯
允许，我进去看了看。里面住着好几户人家，有中庭。建筑很老
旧，大伯称"这里是穷地方"。

这里当然不穷，只是老房子年深日久，居住多有不便而已。

章宅对面是积善坊巷8号，墙上镶嵌着"云堂阁余"墙界。建
于20世纪20年代，二层砖木结构。我在门口朝里张望，见院中有
天井，有老人坐檐下读报。外墙两边各刻着"云阁堂余"四字，
这是从前杭州知名照相馆"二我轩"老板的私宅。

"二我轩"创建于清光绪年间，是杭州最早使用"电光照"技
术的照相馆，专门从事黑白人像拍摄与人物写生绘画，曾为孙中
山等拍过肖像。"二我轩"还曾经摄制过一套《西湖风景》照相册，
全册共有西湖风景照片48幅。宣统二年（1910），相册参加农工商
部主办的南洋第一次劝业会展览，获得了农工商部发给的金牌和
都察院副都察御史加发的奖状，照相册因此畅销国内外，现法国
巴黎国立图书馆也有收藏。"二我轩"的老板姓余，"云阁堂"是
他家私宅的名字，因此叫"云阁堂余"。

蒋抑卮故居（现为汉庭酒店）

蒋抑卮旧居

云阁堂隔壁是民国商宦、学者蒋抑卮旧居，是一幢4层5开间的建筑，现为汉庭酒店中山中路店。庭院很大，院中有老树。蒋抑卮旧居院子里有一个具有中国传统审美杂着日式风格的文化型杂货店。

蒋抑卮是中国现代史上一个令人称奇的人物。他创办的原浙江兴业银行就在中山中路开元路交界处，距离积善坊巷步行10分钟，现在是工商银行羊坝头分行，建筑内部有胡雪岩故居芝园名贵木料，一派富丽堂皇。

蒋家自高祖时从绍兴迁居杭州积善坊巷，从事酒肆业。到蒋抑卮父亲蒋海筹手里时开始经营丝绸生意，陆续开办绸庄、织造作坊，声誉渐起，到1908年，蒋家已将丝绸业务拓展到全国各地，乃至东南亚一带，成为杭州丝绸业巨子。

周作人在《知堂回忆录》中《蒋抑卮》一文中写到，1908年初冬，蒋抑卮到日本医病，白天无事，常跑到鲁迅住处谈天，"因为人颇通达，所以和鲁迅很谈得来"。蒋抑卮平常有一句口头禅，凡是遇到什么稍有窒碍的事，常说"拨伊铜钱"（绍兴话"给他钱"）。鲁迅因此给他了个绰号叫"拨伊铜钱"，"只是举出他的一种特殊脾气来，做一个'表德'罢了。天下事固然并不都是用钱便可以做到的，但是他这'格言'如施用得当，却也能做成一点事情来"。

1902年浙江籍留日学生创办期刊《浙江潮》，蒋抑卮捐款100元作为开办费。1939年，叶景葵先生联合张元济、陈叔通等先生在上海发起合众图书馆，蒋抑卮捐了5万元股票作为图书馆的创办费，以及97593卷共34463册图书。他身后家人前后共计捐出古籍5.5万多册给上海图书馆。（以上消息来源自2011年10月20日《杭州日报》，作者傅国涌）

1909年2月，鲁迅和周作人在东京一起翻译出版《域外小说集》，蒋抑卮先垫出了印刷费。初集印了1000册，二集印了500册。初集在东京群益书店卖出21本，二集卖出20本。二集亦在上海蒋家开的广昌隆绸庄寄售，据说卖出20册上下。因为收不回本钱再印第三集，于是中止。剩下的一部分书保存在杭州蒋广昌绸庄和上海凡将草堂藏书楼。

从1912年到1928年，鲁迅日记中至少有42处提到蒋抑卮。1915年7月15日，鲁迅"得蒋抑卮信并明刻《嵇中散集》一卷"——鲁迅当时热衷收集嵇康的资料，蒋抑卮提供了许多帮助，鲁迅日记多有提及。他们的友谊一直保持到1936年鲁迅去世。蒋抑卮送去

1909年，蒋抑卮（右）与鲁迅（左）、许寿裳在日本合影

了"文章千古"的挽幛,并资助出版《鲁迅全集》。

蒋抑卮还以个人名义设立"凡将草堂小学基金",以父母名义设立杭州孤儿院教育基金。

过蒋抑卮旧居,经过两家店。一家是蔬菜店,风格粗犷;隔壁是南北货店,货品品种丰富。我经常在这两家店买东西。

(陈小小/绘)

08

青年路→国货路（杭州基督教青年会、杭州手表厂门市部、
悦览树24小时咖啡馆、新华书店解放路购书中心）

　　积善坊巷走到尽头是青年路和国货路。青年路南北向，国货
路东西向。青年路和国货路交界处有一幢百年建筑，杭州市基督
教青年会。

　　我十分喜欢去基督教青年会。在杭州市中心，这是一个少有
的我能够放松心灵并且得到艺术滋养的地方。

　　杭州基督教青年会的会训是"非以役人，乃役于人"（to serve,
not to be served），
这一铭言就雕刻在
主楼墙角的一块汉
白玉石墙基上。顺
便提下，杭州基督
教女青年会与青年
会相望，坐落在

杭州基督教青年会主楼

青年路与开元路交界处，相隔仅5分钟步行距离。女青年会的会训是"尔识真理，真理释尔"（You will know the truth and the truthwill make you free），是司徒雷登的母亲拟定的。

基督教青年会门口有百年钟楼，神气漂亮。钟楼之畔有一棵老树，与钟楼相依相偎。院中不仅有青年会办公场所，另有青年旅社、咖啡馆、油画工作室和音乐工作室，值得流连。

杭州基督教青年会钟楼

杭州基督教青年会会训石碑

之前从未深入探索过基督教青年会，直到一天，以前在上海报社工作时的实习生说周日会来杭州，约我见面喝杯咖啡。我稍稍思索了一下告诉她，不如周日下午在国货路1号基督教青年会拉姆咖啡见（L'amour，法语"爱"。我觉得咖啡馆的名字如果叫"爱的咖啡馆"会更好）。世上的咖啡馆虽多，但我心目中理想的咖啡馆，是像东京A to Z咖啡馆那样的。这个咖啡馆是我喜爱的日本艺术家奈良美智开的。我还记得2011年因为工作旅行到东京，一个初春的傍晚，同事带我去这家咖啡馆。傍晚，咖啡馆的窗户全都打开了，温暖的

杭州拉姆咖啡馆

春风从外面吹了进来，让人遍体舒畅。木头桌椅，高度正好让人能够舒服地在桌前坐直。食物好吃，而且不贵。奈良美智开的咖啡馆，就像艺术家本人一样率真、亲切、简单、真实。

杭州轻工业局旧址

杭州基督教青年会的L'amour咖啡馆也是一个让我喜欢的咖啡馆。咖啡馆也是酒吧，酒类看上去品种齐全。墙上悬挂着很多幅油画，虽然出自无名艺术家之手，但非常不错。咖啡馆隔壁是油画工作室。走进去一看，油画工作室里放满了学生们的作品，有很多作品相当吸引人。油画工作室隔壁是音乐工作室。

有了艺术滋润的咖啡馆，当然是个不错的咖啡馆。

如果你到杭州来，住基督教青年会的青年旅社是个非常不错的选择。住青年会百年建筑，参观油画工作室，到"爱的咖啡馆"小喝一杯。青年会对面，国货路7号，有干净整洁的公共浴室"湖滨浴室"，可以洗澡、擦背、按摩身体、做脚的护理。湖滨浴室隔壁是一幢建于20世纪50年代的历史建筑，杭州轻工业局旧址。

青年会隔壁是杭州手表厂门市部。提起杭州手表厂，最近一则报道十分有趣。2016年6月8日《都市快报》（记者吴轶凡）报道，杭州手表厂1972年诞生，曾坐落在吴山广场旁边的四宜路。20世纪80年代，杭州手表厂生产的"西湖"牌手表60元，是杭州最紧俏的商品之一。上世纪末，

杭州手表厂门市部　　　　　　　马云创立的海博翻译社

"西湖"牌手表淡出市场。2000年，杭州手表厂变成了杭州手表有限公司，产品重心放在了机芯上。目前，他们已成功转型，市场日益国际化，管理团队始终本土化，几位高管几乎全部是上世纪七八十年代进厂的老兄弟。对外时他们使用标准的普通话，或者"杭普话"，私下里的工作语言是一口地道杭州话。他们之间有"暗号"，叫做"八角"，因为刚进厂那会，每天工资8角钱。

这篇报道十分有趣，但不让我感到意外，尤其是最后一段关于"八角"的典故。在我眼里，这是一件"十分杭州"的事情。总体来说，杭州人的"杭铁头"精神、杭州这座城市积淀下来的城市文明，让杭州人更容易守住一些美好的事物。

杭州手表厂的隔壁是海博翻译社（Hope Translation），由马云创立于1994年初，至今仍健在。

过海博翻译社，沿青年路继续向北走，步行略2分钟就到悦览树咖啡馆，一个24小时不打烊的咖啡馆，集咖啡馆和城市书房于一体。咖啡馆与新华书店解放路购书中心融为一体，从咖啡馆直接就能走

悦览树集咖啡馆和城市书房于一体

到新华书店内部。

　　悦览树是杭州市中心重要的文化地标。不久前，女诗人余秀华的新书发布会就在悦览树举行。

（陈小小/绘）

09

阿伦特推荐步行路线

东平巷（裘笑梅旧居）

　　那天与昔日实习生没有能够见面，我从基督教青年教会出来后，往东过马路（青年路），就进了东平巷。

　　东平巷这条小巷子不长，东西一共200米长。我以前也来过，但没有深入。那天沿着东平巷从西往东走时，不经意之间就来到

渤海医庐是裘笑梅旧居

了巷子里的一个老房子前面，墙上有"渤海医庐"四个字，并立有一块石碑，表明是中医裘笑梅旧居。碑文抄录如下："渤海医庐始建于民国26年（1937），为一排三个独立石库门的两层砖木结构庭院式楼房，墙角有'三槐堂王界'的界碑，建筑共分三进，建筑简洁规整的装饰，巧妙的布局与建筑功能相匹配，现为杭州市历史建筑保护单位。南宋御街城市记忆牌。

裴笑梅（1912—2001）

2009年10月1日。"

进去看到房子虽然老旧了，但气势仍在。到内院看到一位老人正坐着，问我找谁，赶紧退出。也许下次可以从容点，道歉并自报来意，问是否可以参观房屋外部。

2011年5月9日杭州《今日早报》文《渤海医庐，珍贵的杭州中医活化石》（记者单友良）记录了女中医裴笑梅的神奇医术：

当年，你只要怀孕7天，她就能通过望闻问切告诉你是否怀了孕；假如你怀孕3个月了，她就能搭出你怀的是双胞胎还是单胞胎，是男孩还是女孩，是不是龙凤胎；许许多多被认为是死胎的婴儿，经过她的巧手，又恢复了心跳；无数不孕的女性，在她极其耐心的调养下，成了幸福的母亲；那个年代，还没有B超，如果你想知道什么时候临盆，她会让你伸出右手中指，她用两个手指轻轻按住你中指的两边，中指有三节，她一节一节按上去，按到最后一节的时候，她会告诉你准确的临盆时间。这叫指脉。

裴笑梅旧居

杭州市知名中医、裘笑梅之子王金生口述的《我的妈妈裘笑梅》(见2006年5月10日《今日早报》,李华、单友良整理)让读者对这位妙手慈心的女中医多了几分深入理解。王金生用"杭普话"回忆了母亲裘笑梅的一生,文字非常生动,抄录部分如下:

诊所刚开张,就有一位绸缎庄老板来请医生。那时大户人家请医生很仔细,先要考评医生的三风:衣风——衣着如何,男医生穿长衫,女医生穿旗袍,坐在那里有没有医生的样子;谈风——谈吐如何;笔风——落笔开方,一手毛笔字如何。

妈妈到了绸庄老板家,坐下奉茶。病家先不说话,冷眼看三风。谈风,妈妈谈吐落落大方,病情说得准,道理辨得明。病家一听,先暗自点一记头。笔风,妈妈的小楷是下苦功练过的,端润秀丽。她写的药方,很多病人后来都收起来当墨宝的。病家一捧起妈妈的药方,眼睛又亮了一亮。至于衣风,因为从小家境贫寒,妈妈一生非常朴素,她的衣服很多是补过的。但她补过看不出的,她补过的都要烫过,洗得雪雪白,鞋子一尘不染地穿出去。有次我出去开会,碰到一个妈妈的老朋友,她对我说:你妈妈是很有学者风度的。

看过这"三风",人家对妈妈印象非常好。她医术又好,手到病除,识人无数的绸缎庄老板对妈妈非常佩服,四处宣扬之下,杭州城里就都晓得出了个裘笑梅女医师。从那以后,妈妈就劳碌一生,病人没断过。

有时碰上很啰烦的病人,她也笑眯眯地听着,她认为,一百句废话里哪怕有一句话有用的,医生抓牢就可以了。其他的，病人要讲就让她讲。她们讲，一个是发泄，二个是信任。所以病人都相信她，相信蛮要紧的，病人说，只要挂到了裘老的号子，坐在那里，病就好了一半。妈妈是个小女子，但比很多大男人还要有气度。"文革"时扫地、游街、关牛棚，她晚年提起来，也就淡淡一句：又不是我一个人这样的，大家都吃苦的——反而是有些病人，现在提起来还在流眼泪。

妈妈总是说："国家待我好的。"的确，国家也给了她那么多荣誉，她是国家级名中医、省政协委员、省人大代表。但她开好会，证件往抽屉里一放，又白大褂一穿上班去了。

妈妈晚年，最忧心忡忡的是：中医好的东西没有传承下去。她多次在省人代会提案中呼吁：要改变中医药事业后继乏人的局面。她自己积极培养接班人，先后带了四批学生。她临终前有一个遗愿，就是要设立一个裘笑梅中医妇科发展基金，她说：中医这条路要走下去，不能走一半。这笔钞票，没有开口跟国家要，没有任何单位捐助，用了妈妈一生的积蓄，20万元。

妈妈生前的老同事，有一天在路上碰到我，对我说："你妈妈省这点钱不容易，是吃青菜，吃霉豆腐吃出来的。"

中医其实是很清贫的，以前挂号费也就几角钱，妈妈经常说，想发财就别做医生，别看到人家花园洋房买进就眼红，人家有，是他们的事情。（录自王金生口述《我的妈妈裘笑梅》）

值得一提的是，裘笑梅的弟弟裘法祖是著名医学家，中国科学院院士。

杭州中医文化盛行。在住处附近的中山南路、中山中路、中山北路有多家中医馆；大井巷有胡庆余堂；建国南路中医街有多家名医名家诊所、老字号国医馆、名医工作室、中医养生馆、中医药博物馆、药膳馆。在双眼井巷2号的梁宅现在是广兴堂国医馆，我进去详细参观过，医生现场坐诊，古宅内关于中医和传统文化的收藏非常丰富。

阿伦特推荐步行路线 10

光复路→老水漾桥弄→李博士桥→
枝头巷（裘宅）→汤团弄→延定巷→宋浇造巷

  住处附近有水漾桥公交站。每次乘坐沪杭高铁从上海回到杭州，抵达城站后坐公交车回家，就到水漾桥站下。

  水漾桥水漾桥，我想，那么附近一定有一座桥叫水漾桥了。水漾桥在哪里呢？老水漾桥弄的一个居民告诉我，水漾桥就在老水漾桥弄地底下，已经没有了。

  昨天午后，我在缸儿巷往南走，看到"老水漾桥弄"这几个字，就拐了进去。老水漾桥弄是个再平常不过的小巷子，东西向，全长大约20米，宽2米不到。

  就是这样几百上千个小巷子，构成了真实的杭州。在杭州生活时间越长，我对这一点体会越深。

老水漾桥弄里安详的居民

杭州里弄的烟熏色是时光留下的印

　　游客眼中的"杭州"，是杭州人收拾妥当后给游客看的"外"，并不是杭州的全部。而这些安静的小街小巷，才构成了杭州这座城市重要的精神基础。众多小街小巷上溯宋朝，巷名的变迁透露出历史传来的消息。

　　从老水漾桥弄西头出来，到了光复路上。这里有一个门面简陋但亲切的面馆，叫龙婆面馆。

　　沿着光复路往北走，一路仔细地观察路两旁的老式公寓。这些房子大抵是计划经济时代盖起来的。第一手的主人大多以低价购得房屋的产权，与后来的"商品房"相对，人们把这些房子称为"产权房"。

　　无论在上海、杭州或中国其他城市，计划经济时代盖起来的老式公寓都是主要市容之一。谈不上漂亮，建筑设计简陋，更多给人一种"灰头土脸"的感觉。

　　我来到杭州后，每当在小街小巷里闲逛，看到老式公寓时，视线总是被它吸引。杭州的老式公寓，与别的城市的老式公寓相比，虽然也是因陋就简，但多了一份萧索清简，这种美几乎只有在杭州和日本才可以看到。

　　我想，这就是时光之美吧，或如大西克礼在《日本风雅》里写到过的"寂之美""陈旧之色"、烟熏色、水墨色，是时光留下的印记。隐藏在小街小巷中的杭州老式公寓，好像默默地说：我老了，但我一直在这里，而且我还是很干净的。

　　为什么会这样呢？我觉得还是得益于杭州干净整洁的大环境。无论是湖光山色，还是小街小巷，杭州都是留人的。但是大马路车马喧嚣，总是让我躲之不及，实在不得不通过时，只想戴上降噪耳机，尽快逃离。

　　沿着光复路一路向北走，看到了李博士桥——一个东西向、大约20米长的小巷子。

　　李博士桥一头通往光复路，一头通往中山中路。靠近光复路这头有一个简陋的蔬果店，只出售当季几样蔬菜和水果，鸡蛋用早前常见的篮子盛着。小店里有一个几个月大的婴儿。与中山中路交界的地方有一家名叫"福华园"的米线店，生意非常好。每到工作日午餐时分，店内济济一堂。据说这个店开了快30年了，至今没有光顾过，也许下次会去试试。

　　沿着光复路继续往北走，一两分钟后见到了一个亲切的小市场，门牌号是枝头巷11号。里面有好几家快餐店，从早餐供应到晚餐，和茅廊巷农贸市场一楼的两家平民食堂一样，让人觉得非常亲切。

前日在杭州博物馆看到，从前，杭州话里把这种简朴的小店，叫做"门儿饭"。

因为地处杭州的"里"，"门儿饭"的客户都是附近的居民和劳动者，犹如自家食堂一样实在亲切。

农贸市场很小。从光复路进小农贸市场这头，从那头出来就到枝头巷。看到一个阿姨坐在农贸市场门口卖她自己做的清明粿，做成了饺子形状。饺子皮是用艾草汁和糯米粉做的，里面的馅是雪菜、笋和豆腐干。

我当时没有买她的食物，反而看到对面棚桥农贸市场，门牌号枝头巷22号，就进去逛了一圈。棚桥农贸市场不大，因为是午后，比较安静。市场最里面有一家采荷光头卤鸭。

枝头巷中卖清明粿的阿姨

在棚桥农贸市场逛了一圈出来后，看到一个年轻女孩子蹲在地上，正在买阿姨的饺子吃。看到后心动了，也买了一个，立刻吃起来。2元一个，好吃，是清淡无添加的家常食物。

这种食物叫清明粿。"粿"这个字在台湾作家刘克襄的文章中经常看到。对我来说，这个字好陌生啊！我从小在苏北农村长大，以稻米为主食，没有见过"粿"。

如果你三四月份到浙江乡下旅行，你会经常见到清明粿这种以糯米和青汁为主要原料的食物。

站在枝头巷22号棚桥农贸市场的台阶上，给阿姨和她的清明粿拍了一张照片。

有朋友告诉我说以前枝头巷有很多大户人家。几天后的一个早上，我重返枝头巷。枝头巷11号农贸小市场里，白米粥很香，油饼正烙着，几个

枝头巷13号裘宅

环卫工人坐在小市场门口吃早饭。蔬果店门口，嫩嫩的小冬瓜上结着一层若有若无的白霜。

从枝头巷11号农贸市场出来，在隔壁枝头巷13号，看到早起的建筑工人站在脚手架上，忙着修缮一个很大的老宅子。虽然历尽沧桑，但让人一眼就看出它来历不凡。

查到2016年4月7日《钱江晚报》有一篇文章介绍道，枝头巷13号裘宅是一处较为典型的民国时期建筑，由两幢主体建筑与一排附房组成，主体建筑之间有连廊相连，宅子由嵊州富商裘子南私人出资所建。又查到2012年4月24日《今日嵊州》记载，杭州枝头巷13号是一座花园式砖木结构小别墅，建于1927年，聘请当时杭州知名翁姓木匠负责建造，1932年正式完工。别墅为花园住宅，青砖实叠、中西合璧，传统中式屋顶，墙头有精美砖雕，内部东侧有回马廊，顶廊扶手有镂空铁饰。别墅有天井，顶覆玻璃顶，南面原有花园，内有假山，在新中国成立初期遭毁。建筑做工精细，规模颇大。现已列入杭州市历史建筑保护名单。

光复路

汤团弄

宋浇造巷

看到我在拍照，屋内大伯叮嘱我"当心上面落下东西"。真是温暖的大伯呢。

光复路、延定巷、宋浇造巷

光复路是一条很有趣的路，特别是位于解放路和平海路之间的这一段，这是我想重点推荐的一条杭州步行路线。

这一段光复路非常狭窄，在其中步行，杭州平民百姓的日常

生活触手可及。说不上多么光鲜亮丽，但这就是生活，这就是杭州的"里"。

延定巷是紧挨着光复路的一条南北小巷子，石板地面。宋浇造巷是连接着延定巷的一条小巷子，东西向，很小，巷子里面的房子比较破旧，但很安静，而且毫不肮脏。

这是杭州真正的"里"。

阿伦特推荐步行路线

11

中山中路商业街（开元路→庆春路）

中山中路是一条热闹的商业街，马路宽度适当，车辆不多。每次在中山中路上步行闲逛时，我都非常安心。不像路过庆春路、凤起路等大马路时，看到车辆川流不息，总是感到烦躁不安，急着离开，逃到小街小巷里。

中山中路上有一些店铺依然保留着20世纪80年代计划经济时代城市店铺的美学风格，朴素实在，毫不花哨。

保康巷

保康巷就在中山中路和开元路的交界处，在开元路之北。

明代田汝成撰《西湖游览志馀》中卷十三"衢巷河桥"中记叙，"保康巷元时诗妇朱淑真居此"，但朱淑真是南宋诗人，并非元朝诗人，关于她的生时居住地也一直存有争议，保康巷是否真的是朱淑真故居并无定考。

万隆火腿庄

王润兴酒楼

羊汤饭店

根据2015年10月13日《杭州日报》报道，保康巷里木结构的百年老宅子，外墙全部改建成砖墙，并粉刷一新。巷内直通主管的污水管道进行了重新疏浚，重新铺设了排污管及窨井，确保居民不再遭受雨涝之患。老宅子里的上下扶梯很陡，工作人员重新铺了木地板，将扶梯的坡度变缓，换上了崭新的木把手。如今居民安居乐业。

保康巷走到巷底就接上了羊血弄。《乾道临安志》把羊血弄称为"乐众坊，南棚巷"，俗称虎跑泉巷，清称羊血弄，民国时称玄坛里、玄坛弄，也曾并入保康巷，新中国成立后复称羊血弄。

五洋公馆的缙云烧饼

五洋公馆在中山中路和解放路交界处，是一座西式建筑，建于1913年。现在五洋公馆里有酒店、肯德基餐厅，还有这一家缙云烧饼，门面很小。在市中心的一幢百年建筑里，专门辟出一个门面给卖烧饼的，这样的事情在上海绝不可能发生。

缙云烧饼只有老板一个人，现做现卖，连个帮手都没有。他的烧饼永远供不用求，所以顾客永远必须等待。好消

现做现卖的缙云烧饼

息是：一个烧饼只需要5分钟就烤熟了。

老板告诉我，馅料是半肥半瘦的五花肉和干菜，以及青葱。面是发酵过的。"没有发酵过的面是死面，对胃不好。发酵过的面容易消化。"

老板虽然忙，但对我非常友好。看我问起，主动为我讲解。他告诉我，小酥饼要6个小时才能烤熟。

烧饼出炉了，我买了一个，吃了起来。刚刚出炉的缙云烧饼散发出烤出来的麦香味，很纯正。

没带零钱。扫一扫，支付宝转账。每个烧饼5元。

门口印着"1989年缙云烧饼被浙江省商业厅评为'浙江省优质点心'"的招贴。

天九玉堂（中山中路382号）

天九玉堂

走进这家店，问店主人能不能拍照，店主人先说只能拍石头。我简单地自我介绍了一下，店主人稍微宽容了点。于是拍下了玻璃柜中陈列的一些玉石。与经过精雕细琢、花样复杂的玉相比，我偏爱这些只经过简单雕琢和抛光后的石头。

虽然我未必轻易地会到这家店定制一块玉，但在这里可以看到

中山中路的特

玉从石头雕刻出来的过程。这家店可能不是价格昂贵的顶级店铺，但玉雕师现场制作，呈现手艺，让人感到了做生意应有的诚实。杭州有很多手艺店保留着现场制作的古风，在上海十多年从未遇见过。在这样的店铺买东西，让人觉得踏实和放心。哪怕不买东西，进去观看匠人精心制作，也会学到知识。

光学仪器店（中山中路402号）

这家店店面不大，卖光学仪器为主。老板很友好，允许我自由地拍照。这里卖的量杯我做面包的时候也要用到，用来称量水和牛奶等液体的分量。

仪器设备公司（中山中路382-3号）

走进这家店，一排排办公桌上堆着各种材料和一叠叠厚厚的报纸。时光倒流，回到80年代小学教师办公室的场景，或日本老电影中的场景。

回力球鞋店（中山中路374号）

这家店售卖回力球鞋，经典鞋款都能找到，墙上还挂着一幅回力牌越野登山鞋的老海报。不过老板比较急躁，见我光问不买，把我赶走。

杭州缝纫设备有限公司（中山中路328-1号）

缝纫设备店

80年代城市街道美学风格店铺，让人惊讶现在还有这样的店活着。是的，这样的店还有的，就在杭州最繁华的商业街中山中路最好的地段上。

见我拍个不停，大伯级店员沉默，态度友好。

也许只有与缝纫专业有关的人士才会到这个店购物，但强烈推荐参观这个店铺。

青岛原浆啤酒小站（中山中路391号）

这个特别的啤酒酒吧只卖青岛牌原浆啤酒，有花生米下酒，其他一概皆无。一个长长的吧台，加一溜长椅，就是这个酒吧的全部。

我去过一次，但没有喝酒。当时夜幕刚刚降临，生意还没有迎来高潮。吧台的姑娘告诉我，住在附近两个五星级酒店的客人，常常来这里喝酒。

这一段中山中路上还有好几家日料店。

阿伦特推荐步行路线

12

崔家巷→惠兴路（浙江省电信局旧址、
惠兴中学）→仁和路（2号院内建筑）→
浣纱路（杭州图书馆生活主题分馆）→平远里

崔家巷是杭州市中心的一条小巷子，像一个"丁"字，"丁"字的三端分别通往惠兴路、中山中路、解放路。惠兴路是一条安静而古老的小马路，马路的名字"惠兴"是纪念上世纪初兴资办学的惠兴女士；中山中路是杭州一条古老、重要、热闹的商业马路；解放路则是繁忙的商业大街兼交通要道。

崔家巷是一条静谧的小巷子，其中5-2号是一个家电维修店。那天走进店里一看，各个工具分门别类、井井有条地摆放在工具盒里、悬挂在墙上。

当即下单，预约第二天上午专业人士上门维修空调

静谧的崔家巷

崔家巷5号建筑的外景与内景（杭州市历史建筑保护管理中心/供图）

和洗衣机进水龙头。空调去年冬天就坏了，也在住处附近多次寻找专业维修人士，直到那天无意走进崔家巷，一眼就看中这家店。

十分喜爱杭州的小街小巷里隐藏着这样专业的店，它们昭示着专业人士的尊严，为本地居民的生活提供了不可或缺的方便。

崔家巷5号是一幢历史建筑。看我在拍照，一位大伯带我参观了房子内部，指出连日下雨，潮湿情况严重，住在这里会得关节炎。我说我现在住在一楼，也是这样，在家时整天开着电风扇。

崔家巷和惠兴路交界的地方耸立着一幢气派非凡的西式建筑，门牌号惠兴路10号，建于20世纪20年代，当时是浙江电话局，现在是"杭州电信陈列馆"，大门紧锁，还没开放，门口停满了车。

惠兴里建筑群

惠兴路是一条安静的小马路，南段与解放路交界处，街旁有两家比邻而居的海鲜料理店，一家主营鱼生等日式料理，另一家主营扇贝等中式海鲜料理。杭州历史建筑惠兴里建筑群就在这两家店隔壁，门牌号惠兴路1号，要通过一个小门

杭州电信陈列馆正门窄小、典雅、纹饰精致大方，是典型英伦风格

如今的电话局大楼依然端庄大气

1930年电话局大楼奠基时的基石仍在

历史的见证

（杭州市历史建筑保护管理中心/供图）

走进去才能看到。

沿着惠兴路向北走，在北段与仁和路交界的地方有杭州市惠兴中学，以创始人惠兴女士名字命名。

惠兴女士出生于1870年，满族。她以提倡女学为己任，1904年6月26日，开始向各方募捐300元，于同年9月在杭州旗营迎紫门北面金钩弄梅清书院旧址创办了贞文女学。同年10月，新校舍落成，工匠索款，以前认捐的一些豪门女眷托辞不给。惠兴女士深感经费无着，1905年11月25日凌晨，吞服大量鸦片身亡。死前写了两封绝命书，一封给镇守将军，一封给全校学生。此事震动杭州，镇守将军会同浙江巡抚联名上书朝廷，慈禧下旨给惠兴建牌坊，她的遗体安葬于孤山放鹤亭后。北京一些梨园名角为惠兴的学校义演筹款，浙江地方官府也把贞文女子学堂收为官立，改名惠兴女学堂。

惠兴中学校门旁边墙上有一段铭文，纪念这位高风亮节的女士。可惜惠兴中学的官方网站上竟找不到关于惠兴女士以命殉学的历史。

仁和路和惠兴路交界的地方是杭州工人文化宫，走进去可以看到院中间有一棵漂亮的朴树，院子里走到底可以见到一幢漂亮的西式别墅，三层。旧主人是民国"国大代表"姜卿云。1950年，姜卿云接受黄绍竑、邵力子等劝

一位路人在仔细阅读惠兴中学的校史铭文

仁和路2号姜卿云旧居

说，从台湾辗转回到北京，入革命军政学校学习，到上海华东政法学院任教，后任北京制药厂高级工程师。2005年7月，这幢建筑被杭州市政府列入历史建筑保护名录。

浣纱路杭州图书馆生活主题分馆、平远里

从仁和路左拐到浣纱路上，就可以看到杭州图书馆生活主题分馆。

我经常来浣纱路杭图生活主题分馆借书。图书馆一共四层楼，每次可以借中外文图书共20册，借期为40天。值得一提的是，四楼有很多关于生活方式的外文图书与中文图书同样出借，这在国内图书馆里非常少见，值得称道。每周一闭馆，闭馆日图书馆免费为市民提供婚纱拍摄场地。

2013年7月7日，杭州图书馆浣纱路分馆闭馆休整后正式复出，更名为杭州图书馆生活主题分馆，是全国首家教读者怎么生活、

全国第一家教你怎么生活的图书馆

怎么玩的图书馆。开馆当日，85岁的老读者张泽平非常激动，跑到新华书店买了一大包书送到图书馆。老人是杭图的老读者，谈起30年前的一件往事说，20多年前的杭图借书证可不像现在那么容易办的，他整整排了一个晚上的队，终于排到了100名以内。

1986年5月1日，杭图正式接受普通市民公开办证，但只允许办5000张。生活主题分馆副主任周旭鹏清楚记得，4月30日晚，排队办借书证的队伍把周围的浣纱路、平海路、青年路等全部占据了。"那时候，拥有一张杭图的借书证，在很多人看来是身份的象征，当年书店门口还冒出很多黄牛兜售杭图借书证，大概15元一张。要知道我那时每月的工资也才46元。"（2013年7月8日《都市快报》，记者潘卓盈）

浣纱路图书馆隔壁就是今年刚刚开始开放的24小时城市书房。我刷杭图读者卡入内。城市书房里气氛安静，除了没有卫生间，设施齐全，有饮水机，与隔壁的图书馆阅览室无异。落地玻璃窗外就是图书馆中庭。

24小时城市书房就在图书馆隔壁

平远里（杭州市历史建筑保护管理中心/供图）

　　过浣纱路图书馆，沿着浣纱路往南走，没走几步，看到路边三个字"平远里"。这三个字很小，不留意会忽视。稍一留意，就会发现墙边有一个关于杭州市历史建筑的石碑。走进去一看，是石库门建筑。平远里不长，目测10米左右。里面住着人，老伯很和善。

平远里的石库门建筑

　　1912年杭州开始拆除钱塘、清波等城门和城墙。当时，平远里所在的浣纱路属于清旗营所在。1913年，政府决定拆除旗营，开辟新市场。一些投资公司在新市场以及周边投资建设了很多项目。房子风格基本按照上海西洋建筑设计，请的建造公司有杭州本地的，也有来自上海的。平远里以及与之相连的惠兴里、附近的泗水新村、湖边村等，都是那个时候开发建造的。

13

阿伦特推荐步行路线

里仁坊巷（谈风月轩）→岳王路（岳王新村8号建筑）

午后，我沿着中山中路往北走，到中山中路337号，看到巷口墙上铭刻着一块"杭州市历史建筑"的标牌，就走进去看看，看到了一幢民国时期的木构商住建筑正在修缮中，门墙上贴着"杭州市上城区投资控股集团有限公司"的封条。

继续往前走，中山中路359号。看样子也是一个老房子，里面住着多户人家。我打算进去看看。墙上有一个关于砍一棵树的公告。走进院子里一看，要砍的那棵树就长在院子中央。还在。不知道要砍树的人明不明白，这棵树才是这个院子的灵魂，如果砍了这棵树，这个院子就失去了灵气，金木水火土中就失去了木？

从中山中路继续往北走，到了里仁坊巷。抬头看到里仁坊巷9号主人陆先生正在二楼窗口。

"陆先生你好。"我在楼下和他打招呼。

上次闲逛经过里仁坊巷，恰巧与陆先生攀谈起来，得知他就是这里一个大房子的主人。这个房子是他爷爷传下来的，100多年了，谈风月轩。

陆先生站着与我聊天，我跟他说了《武林坊巷志》这本书，陆先生听我这样说，建议我沿着仁和路一直走到西湖，那里有一个很大的杭州老地图，雕刻于湖边。他建议我早上去。

"下次来玩。"陆先生说。我想下次要带礼物去。

隔天，我根据陆先生的指点，很容易地找到了那张很大的杭州老地图。

陆先生家隔壁，里仁坊巷13号，是一个装饰简易的面馆，连个名字都没有。门上贴着

谈风月轩墙界

一张打印纸：营业时间早7点—晚9点。可谓非常自信的极简厨房。但生意十分不错，每次经过总是看到客人排着长长的队，取到食物后，到马路对面，那里有几张桌子。客人们就坐在阳光中吃着面。这家面馆在本地人心目中的地位非常高。

里仁巷极简面馆的生意很红火

里仁坊巷是个很小的东西向小巷子，全长不足100米。陆先生家的谈风月轩隔壁是杭州历史建筑逸庐，目前是恰好也是与保护历史建筑有关的单位，但不对外开放。

里仁坊巷从东向西走到头，右拐到岳王路。一直沿着岳王路往北走，看到了一个很有感觉的老式公寓小区，

里仁坊巷17号逸庐

（杭州市历史建筑保护管理中心/供图）

岳王新村。

　　搬到杭州后，逛老式公寓小区成了我的一个爱好。杭州的小街小巷里有不少安静整洁的老式公寓，给人感觉很美好。眼前的岳王新村就有这种美好的感觉。我走了进去。

　　走进小区，在最深处发现了一幢三层楼的老房子，西式建筑，住着不少人家。门口一个老人在晒太阳，我向她打听老房子的事，她不知道，说自己不住在这里面。

　　这个西式建筑气势非凡，它就在杭州浣纱路图书馆的背面。

岳王新村8号历史建筑（杭州市历史建筑保护管理中心/供图）

岳王新村8号
西式三层老建筑

岳王路

仁和路

光阳面馆

淡风月好墙界

杭州市
历史建筑

中山中路

里仁坊巷

里光路

（陈小小/绘）

14

阿伦特推荐步行路线

竹竿巷→孩儿巷→永丰巷

早上我从家里出发，沿着中山北路向北走，左拐到里仁坊巷，右拐到岳王路。今天没有再进岳王新村，而是走进了岳王新村对面的百福弄。

百福弄很小，东西向，干干净净，一共也就20米长。弄头接上岳王路的地方，是一个穆斯林清真小餐馆。这个清真小餐馆把几张桌子放在了弄堂里，客人可以坐在弄堂里吃饭——我觉得室外吃饭的感觉就是比室内好。

百福弄19号。一个大伯告诉我，这是一个70年代的老房子。虽然只有20米长的小巷子，但是墙上也贴着辖区警察的姓名和手机号码，有事找警察，居民住得放心。

从百福弄出来后，继续沿着岳王路向北走去，岳王路接上庆春路，庆春路是一条繁华忙碌的商业大街。穿过庆春路，进了永丰巷，从永丰巷左拐进了竹竿巷。

竹竿巷入口墙上印有本巷小史：宋时始有此巷，1966年改名

竹竿巷社区现中北房管站建筑（杭州市历史建筑保护管理中心/供图）

为笔杆巷（附近有枪杆巷），1981年改称竹竿巷。

　　杭州很多历史悠久的小街小巷里会有关于本巷历史的记录，以图文形式在墙上展现。每当看到墙上的巷史，我都会驻足细看，拍照存档。

　　竹竿巷走到头接上了广福路。广福路走到头，右拐上了孩儿巷。往前走几步，看到了布店弄这几个字。再往前走，就到了孩儿巷98号，陆游纪念馆。

　　如门前纪念碑所说，陆游曾经在这个巷子里住过。这所房子是晚清建筑，现辟为陆游纪念馆，周一不开放。

　　陆游纪念馆原是一幢晚清民居，原有29家住户，住户众多。1998年，包括孩儿巷98号在内的46户居民住宅被划入了拆迁范围。98号住户钱希尧老人忧心忡忡，他在幼时便听祖父说，南

孩儿巷98号是陆游纪念馆

修缮前的孩儿巷98号

修缮后的孩儿巷98号

（杭州市历史建筑保护管理中心/供图）

宋诗人陆游曾四次在杭州居住，"时寓砖街巷（即孩儿巷）小宅之南楼"，据传就是如今的98号，"小楼一夜听春雨，深巷明朝卖杏花"就作于此。

老人的呼吁引起了同济大学教授、国家历史文化名城研究中心主任阮仪三的重视，他上书当时的杭州市委书记王国平：这座老宅总体风格是清代中晚期古建筑，现在的建筑不断在原址上改建修缮，所以留下了丰富的历史文化信息，除了宋代的建筑遗迹，还有明代的柱础、蠡壳窗等。孩儿巷98号不管是不是陆游故居，都应该保留。这是杭州很重要的一笔财富，保留它，是对文化价值的一种肯定；保护它，是对历史遗存的一种尊重。

2002年，经过多方人士的奔走，杭州市中级人民法院做出终审判决，以法律的力量将孩儿巷98号保存了下来，在保存原样的基础上改建成陆游纪念馆。

陆游纪念馆内景

一位倔强的老人，保下了孩儿巷98号，也让我们有幸在吟诵"小楼一夜听春雨，深巷明朝卖杏花"时，还能亲眼目睹那幢传奇般的老宅。

沿着孩儿巷一直往前走，右拐上永丰巷，可以看到有两位年长的理发师，坐在户外等候顾客。当我从永丰巷逛到巷尾，再从巷尾返回巷头时，发现两位理发师已经有了两个顾客。

这个户外理发室真不错啊，就在永丰巷13号。

再度从永丰巷返回到孩儿巷中。孩儿巷26号有现烤缙云烧饼，隔壁是嵊州小吃。缙云烧饼和嵊州小吃是杭州小街小巷中常见的两种小吃。缙云烧饼是用木桶烤出来的烧饼;嵊州小吃里有各种汤年糕和炒年糕、汤米线和炒米线。

　　沿着原路返回,边走边看杭州百姓如何尽善利用有限的空间,尽量惬意地生活。

（陈小小/绘）

阿伦特推荐步行路线 **15**

山子巷→仁德里→庆春路（马寅初纪念馆）→未央村→菩提寺路（思鑫坊建筑群）

从竹竿巷往南，到达山子巷。这条巷子不长，很快就走到尽头。巷中右手通往杭州市历史建筑仁德里。我去的时候正值傍晚，门窗锁着，看不出是否有人居住。

在山子巷与庆春路交界的地方，马寅初纪念馆映入了眼帘。马寅初纪念馆也是马寅初旧居，门牌号庆春路210号。

马寅初纪念馆主楼建于清末，建筑面积486平方米，共三层，为中西式砖木结构花园别墅。三楼阳台正南墙上方镌刻着"竹屋"二字，故此幢小楼亦称"竹屋"。

竹屋是马寅初于1936年购买的住宅。1936年至1937年夏，马寅初曾在此屋居住。1945年抗战胜利

仁德里12号历史建筑

马寅初旧居

后一段时间，1949年8月至1951年任浙江大学校长期间，马寅初也曾在竹屋居住。他的部分经济学论著和演讲稿也在竹屋撰写。马寅初旧居于2000年7月被列为杭州市文物保护单位，2005年3月被列为浙江省文物保护单位。

修缮后的旧居基本保持了原貌，现一楼和二楼辟为展厅，并恢复了马寅初的书房和卧室。馆内展出关于马寅初生平的照片、事迹、著作和手迹，分"负笈西洋""民族卫士""共商国是""一代宗师""人口宏论""坚持真理""光耀人间"等10个专题，展示马寅初百年精彩人生。展厅陈列的书桌、书柜、台灯、高凳和躺椅、轮椅及陈列的衣帽等等，均为马寅初生前使用的原物。

马寅初，中国当代经济学家、教育家、人口学家。1882年6月24日生于浙江嵊县（今嵊州市）。1907年赴美国留学，先后获得耶鲁大学经济学学士学位和哥伦比亚大学经济学硕士、博士学位。1915年回国，1919年任北大第一任教务长。1940年12月6日被蒋介石逮捕并遭关押和软禁，抗战胜利后恢复自由。1949年8月，出任浙江大学校长，1951年任北京大学校长。20世纪50年代，马寅初提出了《新人口论》，受到批判。周恩来总理以朋友身份约见马寅初，希望他做出自我检讨，但马寅初不为屈服，坚持己见。1960年1月，马寅初被迫辞去北大校长职务。1979年9月，马寅初得到平反，担任北大名誉校长。1982年5月10日，马寅初因病逝世，走完百年精彩人生。马寅初一生一直和两位太太一起生活，三个人很是和谐。每年夏季，马寅初重视带家人休假。他活到了一百岁，他的两位太太也都活到了一百岁。

从马寅初纪念馆门口过庆春路，就到了未央村。

1976年，这里发生过一起推动中国当代历史的事件，"总理遗言"案。主要当事者是两位热血青年，一个叫李君旭，一个叫袁中伟。在公安部发文追查后，李君旭和袁中伟被逮捕，受牵连者无数。

杭州籍作家袁敏女士的书《重返1976：我所经历的总理遗言案》描述了当年那一起重大案件，让我对"文革"史、杭州现代史甚至现代革命史都有了直观、深入、形象的理解。作者袁敏女士不仅是知名作家，也是知名出版人，曾在作家出版社工作多年，力排众议出版韩寒的《三重门》，并曾任《江南》杂志主编多年，同样力排众议发表胡发云的《如焉》。

思鑫坊建筑群（杭州市历史建筑保护管理中心/供图）

思鑫坊历史建筑一瞥
（杭州市历史建筑保护管理中心/供图）

袁敏女士当年家住菩提寺路蕙宜村，而李君旭的家住在未央村。她的新作是以儿子为原型的成长小说三部曲《蒜头的世界》。

菩提寺路另有百年建筑思鑫坊建筑群。建筑群内部最近已修缮过，门面均是商铺，商业味浓。从位于孝女路1号的思鑫坊入口进去，可以参观百年思鑫坊历史文化陈列馆。共2楼，设12个展厅，每个展厅代表了曾经生活在思鑫坊的一位名人：乔石、国民政府上将何柱国、书画家张书旂、书画家余绍宋等。

我第一次去时正逢傍晚时分，陈列馆已关门。第二次上午去，陈列馆正开放。美中不足的是一楼院中有一个超大的屏幕，播放思鑫坊的修缮史，声音很大，让人无法安静参观。

竹竿巷
山子巷
纪念馆
马寅初
仁德里
仁德里
庆春路
未央村
菩提寺路
田鑫坊
田鑫坊
历史文化陈列馆
百年田鑫坊

（陈小小/绘）

16 阿伦特推荐步行路线

中山北路（杭州天主堂）→
耶稣堂弄（基督教天水堂、司徒雷登故居）

　　中午，沿着中山中路一直往北走。正值午餐时分，街边小餐厅的生意都好得很。其中像是缙云烧饼、永康肉麦饼这类小店就有好几家。这类小店除了现场制作烧饼，还出售馄饨。

　　我在苏北出生和成长，小时候一日三餐以稻米为主食，对面条不是很热衷。尽管如此，回到杭州后，我还是逐渐体认到了面馆在杭州人生活中的重要性。像中山北路，有店面有古意的云记高汤面馆，有开在户外而生意好到不行的"翘胡子"面馆，还有在杭州面馆中地位很高的流芳面馆。

　　关于杭州的面馆，下文将专门详述。

　　我沿着中山中路一直往北走，首先经过天主教杭州堂后，随即路左出现了基督

耶稣堂弄

杭州天主堂

教天水堂。

天主教杭州堂是杭州人杨廷筠捐献大批资金在今天的中山北路415号天主教堂所在地建造的。杨廷筠（1562—1627），字仲坚，号淇园，洗名弥格（Michael），1592年进士，曾任监察御史，早年习"王学"，后受洗归信天主教，与徐光启和李之藻并列，被称为中国天主教"三大柱石"的人物之一。清顺治十六年（1659），意大利耶稣会卫匡国神父从罗马返杭后，得到浙江巡抚佟国器等支持和资助，在该堂原址上另建新堂。

中共十一届三中全会以后，落实房产等各项宗教政策。1979年7月26日，杭州市委批复，同意开放中山北路天主堂。经过整修，于1982年12月12日举行复堂礼。1991年，依法登记，领取"浙江省宗教活动场所登记证"，宗教活动正常。1992年1月12日，定为杭

杭州天主堂内的玻璃花窗

杭州基督教天水堂

州市级文物保护单位，并是接待国内外天主教宾客的场所。2009年6月，教堂再次进行全面整修，并配置彩绘玻璃窗，且于9月底全部完工。

　　过了天主教杭州堂就是耶稣堂弄，耶稣堂弄弄口就是基督教杭州天水堂。天水堂是司徒雷登的父亲创建的，天水堂隔壁就是司徒雷登故居。司徒雷登故居免费开放，周一闭馆。上下二层楼，墙上陈列着翻印并且放大的老照片，配以文字说明，帮助参观者形象地了解司徒雷登生平。

　　司徒雷登一生做过很多大事，见证过中国现代史的众多重要时刻。故居有《司徒雷登与西湖》（沈建中、许俭著，杭州出版社出版）

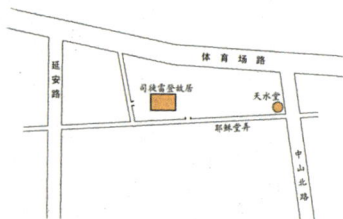

司徒雷登故居位置示意图

出售，我买了一本。门卫取新书一本，并盖上刻有"司徒雷登故居"字样的印章。

　　1876年6月24日，司徒雷登出生在杭州耶稣堂弄美国南长老会传教团寓所。1887年，他的父母斯图尔特夫妇来华已有13年（其中父亲来华已有16年），他们带着4个孩子回美国度假。1年后，斯图尔特夫妇带着四子罗伯特返回杭州，把12岁的司徒雷登、8岁的次子戴维和6岁的三子沃伦留在美国读书。罗伯特回杭后因病夭折，年仅7岁，葬在杭州西湖之畔。

司徒雷登像

1904年，28岁的司徒雷登偕同新婚妻子艾琳回到中国。1905年2月3日，除夕日，司徒雷登和妻子回到了已阔别17年的杭州。

1907年，司徒雷登提出建议，由南长老会与北长老会共同合办育英书院，得到教会首肯，在六和塔一带购置土地，建设校区，这所学校就是杭州之江大学，现在是浙江大学的一部分。

司徒雷登故居正门

1912年孙中山就任中华民国临时大总统。司徒雷登作为美联社记者，是参加孙中山就任典礼的唯一外国人。司徒雷登对孙中山评价极高，认为他是高贵的理想主义者。

1908年到1919年，司徒雷登在南京金陵神学院教了11年《新约圣经》。司徒雷登本人通晓拉丁文和希腊文，杭州话和宁波官话都说得很好。他认为，对基督教的信仰主要应是精神上的需求，而不是对上帝在形式上的崇拜，传教士的使命是使社会认识到基督教的存在和力量，并以整个世界的社会进步来体现这种力量，而非使人成为基督徒。

《司徒雷登与西湖》一书写道，司徒雷登"在人格上是一位君子，彬彬有礼，生活很有规律。晨起，阅读当日中英文报纸，这些报纸都是他自费订阅的，一般情况下，上午9时用早餐，下午1时用午餐，晚上7时用晚餐。由于在杭州生活多年，司徒雷登喜食杭州知味观的馄饨。在美国驻华大使任上，若有人打电话至大使官邸，司徒雷登说的第一句话就是中文：'您好！这里是美国大使公馆。'"

1919年，司徒雷登担任燕京大学校长，1922年到1925年之间，他10次来往于中国和美国之间，为燕京大学募捐。燕京大学的校训是：因真理、得自由、以服务。1949年，毛泽东下令保护燕京大学。抗战期间，司徒雷登在火车上遭日军逮捕，被关押3年。1946年，司徒雷登被授予"杭州市荣誉市民"，受赠金钥匙一柄。

1949年8月，司徒雷登离开了他生活了50年的中国，从此再也没有回到中国。私人秘书傅泾波与他同机前往美国。司徒雷登晚年一直与傅泾波一家同住。

1962年，司徒雷登在华盛顿病逝。他在遗嘱里希望把骨灰运回燕京大学，与妻子合葬。但1949年后，司徒雷登的妻子骨灰已无迹可寻。

又一天，我步行前往司徒雷登故居，竟然邂逅了夏雅各先生，与他聊了半个小时左右。

夏雅各先生今年80岁，母亲是中国最早的一代女大学生，家境富裕。她曾创办幼儿园，免费收幼儿入学，并给每名幼儿每年

偶遇夏雅各先生

提供新衣数套。夏雅各先生的父亲是《中国大百科全书》基督教部分的撰写者。司徒雷登离开中国之前，把自己所在杭州的房屋转售给夏家。

夏雅各先生在司徒雷登故居长大，对这里的一草一木都很熟悉。他说这里虽然有很多葡萄树，但是从来没有见过蛇。他小时候睡觉，常常听到啄木鸟啄树的声音。夏雅各先生少时过目不忘，最喜欢理工科，考大学时选了声学，曾经发明过众多重要的声学设备。现在住在附近。

夏先生讲了很多有趣的轶事。其中有一个是：他高中时课堂上看小说，遭女老师温柔干涉。女老师芳名林一声，是当时国内少有的研究生。过节时学校有灯谜会，夏先生制作了一个灯谜：黛玉惊呼——打一人名。林一声先生看到后，"过来打我"。

我建议他写一本回忆录。他告诉我，他有很多同学曾如此建议。但他最终不打算写。非常遗憾。

我常常想：任何一个人老的时候，能够都把自己一生生平经历所见所闻写下来，都会是一本很有意思的书。

晚年司徒雷登著有《司徒雷登日记》《在华五十年》。

17 阿伦特推荐步行路线

体育场路→大营盘→双眼井巷（梁宅）
→遥祥寺巷→白衣寺→王马巷→东清巷
→直大方伯（杭州丝绸会馆、小八千卷楼）

有时我去杭州体育场跑步。跑完步后，骑自行车沿着体育场路往东，到体育场169号的时候就看到了大营盘。这里是清朝左宗棠部驻扎杭州的营地。1930年，中华民国第一届由中国人组织和当裁判的运动会，也是在这里举办的。1929年4月，国民政府教育部公布《国民体育法》，决定当年在杭州举办"民国第四届全国运动会"，聘蒋中正为名誉会长，戴传贤为会长，张静江、何应钦为副会长，朱家骅为筹备会主任。这是第一次由中国人自己组织、自己裁判的全运会（前三届均由外国人帮助组织、裁判），运动会选址大营盘。因为经费不足，改期到1930年4月举办。

现在的大营盘是一个社区，叫浙大御跸社区。

大营盘

清朝建筑梁宅现为广兴堂国医馆

梁宅

从体育场路右拐入岳家湾，一直南下，到了东清巷，就会在路旁看到一堵雪白的高墙。墙很长，很高，让人望而生畏，以前多次经过，却从未进去过。有一天终于进去一探究竟，叹为观止。

这就是清朝建筑梁宅，现广兴堂国医馆，一个活着的历史建筑，一个当堂看诊的中医院，一个博大精深的中医博物馆。

到梁宅之前，先考察周围环境。梁宅门口的这条巷子叫双井巷，双井巷墙上有好多介绍此地历史的图片和文字。杭州一步一历史，到处都是图片和文字，当选为联合国教科文组织全球"学习型城市"，名不虚传。

又逛了附近的横燕子弄、直燕子弄，这两个弄堂里以老式居民住宅为主。小区变电所装备上写着三个字"横燕变"，名字很"聊斋"。

最后终于走进了这座清朝的建筑，门牌号是双眼井巷2号。

先抄录一段双眼井巷墙上对这个清朝建筑的介绍：

梁宅，位于王马社区太平桥以西，遥祥寺巷以东，七龙潭3号，是一处清代中期、江南官宦宅邸，杭州市文物保护

点。梁宅坐北朝南，占地2500平方米。主轴线共
梁宅现在是中医院七进，分东西两院，东院四进，
西院三进。正门在东院，宅前有照壁，东院第一
进为轿厅，二进乃平厅，三四进是走马楼，左右
两侧连通体。西院一进乃正厅，二进为书斋，三
进是座楼。正厅与座楼之间设塞口墙和砖雕门楼，
在石库墙门的内外额上，均有雕刻精美的砖雕花
纹和图案。座楼为三开间的二层木结构建筑，座
楼北面有后花园。

梁宅建筑布置分区明确，布局紧凑有序。在
建筑外围和院落之间，都以高大封火墙分隔、围
护，形成相对独立的封闭空间。墙上开边门，墙
边设夹弄，为连通宅内各建筑的交通道。建筑布
置疏密有致，进与进之间都设有天井，使每座建
筑有独立的室外活动空间，整座建筑用材粗大，
装饰朴素。

门牌号为什么既是双眼井巷2号，又是七龙潭3号
呢？查资料，在杭州下城区官网上见一段记录：七龙
潭原东起海狮沟，西至遥祥寺巷，长73米。现东起太
平桥横街，西塞，长40米。《嘉靖仁和志》：龙王庵，
在东清巷内，后晋天福三年（938）建，名长寿。元末
毁。明洪武初，传说东河有黑龙出现，其下成潭，居

梁宅内景

民非常恐惧。时有僧普觉日持大悲咒，并塑龙王像以镇之。后居民讹传，"黑"误"漆"，"漆"转"七"，地名成七龙潭。

原来梁宅门口这条道路，往西就是双眼井巷，往东就是七龙潭。梁宅现在门牌号既是双眼井巷2号，又是七龙潭3号。杭州的小街小巷，学问真是大啊！

这座清朝建筑内部建筑细节十分美丽，让人叹为观止。作为一所现代中医院，名中医坐堂看诊，各种关于中医的图文资料和藏品装置在建筑里各个角落，墙上挂着众多关于中医历史、知识、现状、名医的图文介绍，以及各种匾额，是一所集学习、医疗、研究、收藏于一体的中医医院和博物馆。

梁宅现为杭州中医院打造的精品中医院，如今已经成为杭州城里颇有分量的人文景点。病患和客人在此既可以得到诊疗、按摩、针灸等中医服务，又可以在这所美丽的清朝建筑流连，浏览中医知识。

王马巷中白衣寺

从梁宅出来，再度回到东清巷中。沿着东清巷继续往南前行，步行到青蓝小学（创立于1906年，是杭州创办最早的小学之一）时，留意到对面遥祥寺巷深处似有一幢老房子。走进遥祥寺巷，见到白衣寺，屋舍庄严，令人赞叹，没有开放，是杭州市文物保护单位。

白衣寺门牌号是王马巷13号，原来是杭州城内数

白衣寺的屋舍

王马巷墙上关于老行当的宣传画

一数二的大寺院。孙锵在《杭州建白衣寺记》中记载：白衣寺建在好木庵旧址、好木禅师栖隐之地，也称西江禅院。清道光年间，普陀佛顶山寺僧果禅和尚来灵隐三天竺顶礼，看见城郊的海潮寺、昭庆寺都有僧人暂住的场所，而城内却没有，即有意在市内建一处。选定了好木庵旧址后，经多年到处化缘，终募建了白衣寺。光绪二十年（1894），在本地有钱人和香客的资助下，寺院不断扩大，香火也日渐旺盛，香客络绎不绝。2008年，历经维修后，古色古香的白衣寺重现于王马巷内。

白衣寺外王马巷，是杭州城内最古老的小巷之一，长200米左右。宋朝时这里曾是驻扎枢密院的亲兵营，故叫枢密巷。到了明朝，佥事王琦与邻人马均在附近合建凝真庵，又称王马庵。晚清时王马庵旧址上建观成堂，1904年建杭州绸业会馆。

如今的王马巷是一条安静的小巷，墙上画有老旧职业的画像，如卖油凳子、做棕榈床、补瓷瓮等。

出王马巷，再度回东清巷中，见路边有一个比较精致的平民大食堂。杭州此类大食堂很多，品种丰富，菜品精致，相当于餐厅的水准，事先做好，单盘出售，不需要现点现做，是超越快餐店的自助餐厅。

杭州绸业会馆、小八千卷楼

　　东清巷南端接上直大方伯。直大方伯是一条古老的小巷，历史上溯到南宋，那时名叫中班街，南宋宗室子弟居于此。到了明代仁宗时，布政使应朝玉在巷内建起一座大宅邸，布政使又称方伯，故名大方伯巷。宅邸跨越横、直两条巷，故分别称为横大方伯、直大方伯。民国时扩建马路，横大方伯不复存在，只留直大方伯存于世间。

　　在浙一医院和直大方伯交界的地方见到了于2009年重新修复一新的原杭州绸业会馆。

　　原杭州绸业会馆于1904年动工，1909年建成。当年划出20亩地建绸业会馆的人是丁立中。丁立中是杭州富商、学者、藏书家、《武林坊巷志》作者丁丙的儿子，1866年出生，1920年逝世。光绪十七年（1891）举人，民国初年在上海创办民社机关报《民声日报》，出任总干事。

　　清朝时，行业组织又称为公所或会馆。到了清后期，杭州已有29个行业成立公所或会馆。丝绸业有杭州绸业会馆，茶叶业有敦义堂茶漆会馆，剪刀业有存仁堂剪刀公所，百货业有广业会馆等。绸业会馆建成后，内有花园假山和财神殿。建筑巍峨，层楼叠起。各大丝绸商纷纷赴会。丝绸会馆建立后，主要是为丝绸业"维持增进同业之公共利益及矫正弊害"，统一制定工价（包括劳工

杭州绸业会馆
（杭州市历史建筑保护管理中心/供图）

工资和加工费用），禁止降价争夺固定客，并建学校、行善举。

抗战期间，大部分建筑毁于战火。抗日战争后，绸业会馆渐渐湮灭。新中国建立后，杭州丝绸业慢慢发展起来。丝绸会馆成了纺织工业局的办公场所，后又变成杭州棉纺织配件厂金工车间，再后来转为杭州市纺织科学研究所，但是始终和纺织、丝绸联系在一起，而且主厅中的木梁和柱子都保存完好。

会馆中有一块《杭州重建观成堂记》碑，是1909年会馆落成时刻的。1965年，曾任《人民日报》主编的邓拓准备写中国丝绸史的文章。他在史料中找到杭州绸业会馆的资料，专程来到杭州，仔细地读了碑文。不久，他回到北京后，还特地托人将碑文全文抄录给他。

第二年，"破四旧"开始。有心人得知这块碑有可能被毁，赶紧在碑石上抹满石灰，用红笔写上"斗私批修"四个大字。这块碑才得以完整地保存，至今仍立在会馆内。

在绸业会馆隔壁，我见到了"小八千卷楼"，是丁丙、丁立中、丁仁祖孙三代的藏书楼。丁家世代经营丝绸业，家境富裕，家学渊源，历代喜欢藏书、读书、著述。丁丙和哥哥丁申是了不起的学者、藏书者、文化保护者。兄弟俩志同道合，终生热心公益事业，爱好藏书著述。

咸丰十年（1860），杭州文澜阁《四库全书》在太平军战乱中全部散佚，丁丙与哥哥丁申兄弟俩不避艰险，四方搜寻、收购残书，并花钱请人在杭州、宁波、北京补抄。"两人弃

小八千卷楼

车服之荣，乐琅嬛之业，恶衣恶食"——兄弟俩吃得差，穿得差，奔复于书店和断垣残砾之中，历时7年之久，让《四库全书》恢复得十之七八，获光绪帝颁旨表彰。至光绪十四年（1888），文澜阁《四库全书》基本恢复原貌，现藏于浙江图书馆。

小八千卷楼石碑

丁丙和丁申兄弟俩藏书丰富，有"八千卷楼""后八千卷楼""善本书室""小八千卷楼"等藏书楼，总藏书室名"嘉惠堂"，位列当时四大藏书楼之一。

丁丙兄弟重视地方文献的整理与印刊。光绪年间，编刊《武林往哲遗著》前编50种、后编10种，共96册。光绪九年（1859）起，

兄弟俩编刊《武林掌故丛编》26集共208册，将存世的杭州掌故典籍多数包罗列入。丁丙本人还著有《庚辛泣杭录》《武林坊巷志》《于公祠墓录》《北郭诗帐》《北偶缀录》等。丁丙热心公益事业，赞助知名教育家周士涟创办宗文中学（今杭州第十中学）。

藏书、著述、热心地方公益事业的同时，丁丙继承家族丝绸生意。光绪二十一年（1895）八月，与庞元济（浙江吴兴南浔人，有"全世界最负盛名"的中国书画收藏大家之誉）合资30万两银在杭州拱宸桥创办世经缲丝厂。

丁立中继承家学，但光绪三十三年（1907）不幸经商失败，在两江总督端方等人关注下，为防止丁氏"八千卷楼"藏书重蹈陆氏"皕宋楼"藏书流落异国后尘，经丁氏好友缪荃孙接洽，以7万余元将"八千卷楼"全部藏书购存于南京江南图书馆（江南图书馆位于南京市鼓楼区清凉山下，龙蟠里9号，由清末两江总督端方于1907年奏请清廷创办。现为南京图书馆古籍部）。

丁立中的儿子丁仁继承祖父、父亲的遗业，是西泠印社的创办人之一。1948年年底，重病的丁仁建议把西泠印社全部财产捐给国家，唯一的要求是"西泠印社这个名称不要变"，从某种意义上来说，此举保全了西泠印社。

2008年，浙一医院斥巨资买入绸业会馆旧址，并修缮绸业会馆。

现在的小八千卷楼也是浙一医院地产，辟为院史陈列馆。

绸业会馆和小八千卷楼隐含着杭州近代史上的一支重要文脉。

18

阿伦特推荐步行路线

佑圣观路→馆驿后→城头巷→梅花碑
→斗富三桥→斗富二桥→五柳巷
→姚园寺巷→三味庵巷→金刚寺巷

佑圣观路靠近我的住处。上文说过,佑圣观路上溯南宋,因为元朝时建佑圣观而得名。现在佑圣观路位于解放路和清泰街之间的一部分是茶叶商户集中地,有解放路茶叶副食品市场,又称茶街。

越过清泰街,沿着佑圣观路一直往南走,不再有一家挨着一家的茶叶商户,马路顿时安静了下来。再越过西湖大道,继续向南,佑圣观路变得更加安静了,这时就可以充分享受到步行的乐趣。

馆驿后是与佑圣观路相通的东西向小巷子,因明洪武七年(1374)武林驿改建于此而得名,宋时属传法寺,元代江浙财赋都总管府及阴阳学均建于此。清代改为育婴堂,后改为总捕同知公廨。现在的馆驿后是一条非常安静的小巷,只有馆驿后这三个字和杭州众多小街小巷的名字一样,让后来者借此追寻隐藏在名字背后的历史。

四维里建筑群（杭州市历史建筑保护管理中心/供图）

城头巷

　　馆驿后一头连着佑圣观路，另一头连接着城头巷。城头巷口原有宋代杭州古城正东门——崇新门，城头巷因此得名，现在巷口与西湖大道交界处有古崇新门遗址纪念碑。城头巷也被西湖大道拦腰截成两截，中间无法穿越。建议步行西湖大道南边的一段城头巷，即本文所推荐的步行地段。

　　城头巷中有民国时的里弄式建筑四维里，门口有古树。提到古树，就不能不多谈几句。在杭州唯一位于市中心的山——吴山上的药王庙门口，有4棵700年古树，是南宋人种下的。每次从吴山上跑过，站在700年的古树身旁，呼吸着古树吐出的新鲜空气，感受着古树身上的

城头巷123号是浙江矿业公司旧址
（杭州市历史建筑保护管理中心/供图）

绿色血脉汩汩流过，想象着这棵古树已经看见过南宋至今700多年的阴晴风雨，人也变得平静和澄澈起来。经常来看看古树，人也能长寿。

　　在杭州小街小巷中漫步的时候，我留意到凡有老房子的地方常有古树和古井。古树护佑着老房子，犹如老房子的灵魂，并为老房子提供慰藉。古树和古井一样，是老房子的灵魂所在。不能砍古树。如果砍了古树，土地和房子犹如失去了一个一直默默护佑着的神，也失去了灵魂和慰藉。

梅石园外景与内景

梅花碑（梅石园）

继续沿着安静的城头巷往南步行，路过建于20世纪50年代的浙江矿业公司旧址，很快就可以看到巷子连接的另一个小巷梅花碑。梅花碑另一头连着佑圣观路，和佑圣观路交界的地方有梅石园。梅花碑上溯南宋，为当时德寿宫后圃，明代这里设有署理木税的南关工部分司。明末，潞王来杭居于南关分司内，当时该署庭院内有梅树和芙蓉石等景物，议事厅有"梅石双清"的题额。厅南有一石碑，上面刻有明代著名画家蓝瑛和孙挞画的梅花和石，称为梅石碑。清朝乾隆帝来杭，见到这块碑后十分喜爱，移至北京圆明园内。2007年7月13日，根据西湖博物馆馆藏拓本复制的梅石碑完成安装作业，重新现身于南宋德寿宫后圃遗址，即当今的梅石园内。同时安装的，还有落款为杭州市上城区人民政府的《重建梅石碑记》碑石。

斗富三桥、斗富二桥、五柳巷、姚园寺巷、三味庵巷

回到城头巷，继续沿着幽静的小巷往南步行，先后到斗富三

斗富三桥

桥、斗富二桥。《万历杭州府志》："平安一桥，平安二桥、平安三桥，俗呼豆腐一桥、豆腐二桥、豆腐三桥。豆腐一日斗富。"斗富一桥如今已拓成东河坊街上的一截路，成了"断河头"，"断河头"并成为河坊街对面一个小区的名字。

斗富三桥和斗富二桥一头连着城头巷，另一头连着的就是东河边上的五柳巷，我每天早上慢跑时的必经之处。五柳巷上溯南宋，南宋时此处有一个小御园，名为"五柳园"。据《杭州市志》记载，五柳巷南起斗富三桥，北折西接城头巷。名始于清，其地旧有五柳园，巷以园名，1966年改名下友谊巷，1981年复名五柳巷。如今的五柳巷，已经过内部修缮，外表粉刷一新，白瓦黑墙，里面住着本地居民，临东河而居。斗富三桥之畔，还有一个整洁干净的公共卫生间，以及一个每天坐在桥边勤劳作业的修鞋手艺人。

每天早上，我沿着淳祐桥南下，跑过五柳巷，直到河坊街。然后过斗富二桥，沿着北上，一直跑到东河和运河交界的地方坝子桥。五柳巷有一个木匠大伯，每天在家门口作业。他穿着深天蓝色的工作服，总是笑眯眯的。累了或者有朋友来的时候，他就停下抽支烟。他养了一只鸡，总是在他脚边啄食。不久前鸡不见

三味庵巷8号建筑
（杭州市历史建筑保护管理中心/供图）

五柳巷历史文化街区

了，问大伯，大伯说："走丢了！"

东河边通往五柳巷的河边小路上还有两口老井，可惜现在老井已被填埋，还没有得到疏浚。如果说古树是土地和房子的灵魂和慰藉，老井就是大地的心泉和眼睛，给居民带来清凉和源泉。杭州已从2007年开始保护老井的行动，而我在小街小巷里漫步的时候，还时不时见到被填埋的老井。希望所有被填埋的老井早日得到疏通和使用。善加利用是最好的保护。

走过斗富二桥，桥那边连接着旧名为板儿巷的建国南路，穿过建国南路，到了姚园寺巷。旧时此时有姚园寺，可惜今已无存。旧时，凡是说空话如"某某某已取得了伟大的胜利"，如果老杭州听到，就会接口："好嘞，姚园寺巷嘞。"如果你要一位六七十岁的人说旧事，他也许会脱口而出，"哦，姚园寺巷嘞"。

走过斗富二桥或三桥，到了东河东岸，沿岸一溜古老小巷，如今已经装饰得迥然一新。从南到北依次为建新弄、河水弄、三

三味庵

味庵巷等。三味庵靠近东河的地方，真的有一个小小的寺庙三味庵，纪念战死沙场的岳飞部将杨再兴。

金刚寺巷

走过这些韵味十足的小巷，穿过与这些小巷相连、旧名为板儿巷的建国南路，就到了金刚寺巷。据《梦粱录》载："五柳园即西园。余考斗富三桥下有五柳巷，地近板儿巷，去金刚寺不远，或即其遗址也"。金刚寺初建于五代，现已无存。1966年金刚寺巷改名红星巷，1981年复名金刚寺巷。

马叙伦先生的故居就在金刚寺巷巷口。他在《我在六十岁以前》一书中写到，他于1885年出生在杭州府下羊市街金刚寺巷口一个老宅子里。如今的金刚寺巷是居民小区和商用写字楼，马叙伦先生故居已无存，十分遗憾。金刚寺巷的一头是建国南路，另一头通着郭东园巷。每次坐火车回到杭州，在城站火车站出站后，我总是步行几分钟到金刚寺巷和郭东园巷的交界处坐公交车回家。

直吉祥巷→横吉祥巷→元宝街
（胡雪岩故居、朱智旧居）→金钗袋巷

城头巷南端接上直吉祥巷。直吉祥巷接上河坊街。跨过河坊街上的一座小桥，到了街对面的小区。东河在这里告断，这个社区的名字就叫断河头。进入断河头社区，喜见横吉祥。

吉祥巷南宋时为德寿宫墙和东城墙之间的一条小巷，名夹墙巷。元时称达达城上路，意为城边的路。清代称吉祥巷，分成南北和东西向两段，南北向一段称直吉祥巷，东西向一段称横吉祥巷。横吉祥巷民国时称上吉祥巷，1949年后才改为现名。

刚走进巷子，眼前就出现了一个很大而且气派的老房子：横吉祥巷1号、2号，是民国时期传统木构院落式建筑。继续往南走出断河头社区，到了望江路上，右手边是一幢杭州历史建筑，汪宅。过望江

横吉祥巷2号建筑

胡雪岩旧居

路，到胡雪岩故居；不过望江路，向西过中河中路，就到了南宋御街。

胡雪岩旧居是元宝街上的第一幢建筑，门牌号是元宝街18号。

元宝街（胡雪岩旧居、朱智旧居）

杭州很多小街小巷有着美丽而独特的名字，总是教人忍不住猜想，这名字背后到底有着怎样的历史和故事。

比如，当我第一次走到林司后这个小街时，我忍不住想，这三个汉字怎么会联结到一起的？其实宋朝时这里是翰林司营，故

胡雪岩旧居内景

称林司后。1966年林司后改名为红霞巷，1981年改为原名。

又比如，很多小街小巷的名字中带有"庙"或"观"字，大多说明从前这里有一座寺庙或道观。比胜庙巷里面从前的确有一个比胜庙，佑圣观路以前有佑圣观。元宝街、金钗

袋巷的名字同样令人遐想。

元宝街是一条东西向的小巷子，长约217米，元时省府宝藏库在朝天门外，其旧址疑即在此，故名。很多资料把元宝街说成是杭州唯一的以石板为道路的小巷子，其实根本不是。杭州市中心以石板为道路的小巷子不少，就我走过的，就有三元坊巷、缸儿巷等等。说这些话的人没有逛过杭州的小街小巷，以讹传讹，乱说一通。

元宝巷虽然小，但巷头是赫赫有名的全国重点文物保护单位胡雪岩旧居，门票要20元。我准备下次办张杭州公园卡年票再进去参观，届时只需要补5元差价。

胡雪岩一生占尽风流，最后还是毁于政客手中，所谓"登得越高，跌得越重"。泰戈尔有一句话形容得好：神不会护佑帝国，但会眷念一朵小花。倒是他创办的中医胡庆余堂以戒为宗旨，传到现在，依然旺盛。

元宝街巷尾、胡雪岩故居隔壁，有朱智旧居。朱智是杭州人，曾任清朝兵部侍郎，晚年回到杭州后，独力出资修复六和塔，直到去世。朱智去世后的第五年，孙辈实现了他的遗愿。

朱智旧居现在为上羊市街社区办公地点，并且是"中国社区建设展示中心"。

在元宝街的巷头和巷尾，路面上惊现石刻元宝各一只，我猜是有关部门为了凸显"元宝街"中"元宝"二字而刻意做的，其实不必如此。就像五柳巷巷中有很多人工装饰一样，费了许多钱财人工，其实历史

朱智旧居

朱智旧居现在是社区建设中心样本

街区未必需要过于人工的材料去装饰。

第一次经过朱智旧居时，社区里办公人员很忙，我没有走进去。第二次再去元宝街时，恰逢下午，看里面没有忙碌的迹象，我走了进去。朱智旧居气象很大，看得出来是重新修建过，但是保留了原来的格局。院子里有一个舞台，一位穿着一身浅色衣服的老人正在演唱王洛宾的一首歌："风雨带走黑夜/青草滴露水/大家一起来称赞/生活多么美……"

每当看到穿着浅色衣服的老人，我就想起从前在上海驾校学习驾驶时遇到过的一位老司机。他在等候学生前来上课的时候，常常一边放风筝一边跟我说话。他叫大海，在上海和平公园里放风筝的人都认识他。大海告诉我，家里的毛线衣是他打的，"老三届的文凭大多是假的"。他还告诉我，人老了穿浅色的衣服比较好看，"何必弄得那么老态龙钟呢？"

从那以后，每当我看到穿浅色衣服的老人，我就想起大海和他的那句话——"何必把自己弄得那么老态龙钟呢？"虽然我们只有几次短短的聊天，但他教会了我很多东西。

元宝街中，胡雪岩和朱智旧居的对面，有有关部门支持残障儿童创办的智慧树咖啡馆，在这里可以买到孩子们亲手做的甜点。这是值得珍惜和赞美的尝试。

金钗袋巷

朱智故居位于元宝街和金钗袋巷交接的地方，南门在元宝街上，东门在金钗袋巷中。在金钗袋巷和元宝街交界的地方有好几个义井，义井旁边还有洗衣台。附近居民正在洗衣服。

金钗袋巷长400米左右，宽约14米，是一条南北向的街，在杭州算是路面较宽的街巷了。南宋时，巷内有榷货务都茶场、杂买务、杂物场（都是南宋官署，属太府寺，掌折博斛斗、金帛等物并收买各种货物，以供宫廷、官府所用）设于巷内，又因巷近南宋保安门，故巷名为保安巷，后改名为金钗袋巷。

金钗巷附近的义井

浙江拳击俱乐部

我在金钗袋巷中从北往南走，在巷头见到浙江拳击俱乐部（门牌号是望江路121-B1），位于居民区地下一层。俱乐部室内设计相当质朴粗犷。俱乐部设有拳击、格斗等不同课程，如果只选择健身一年只需缴纳费用700元。在健身年卡动辄几千元的今天，这个价格可以说是公道的。如果你偶尔路过，也可以进去在吧台喝一杯，歇歇脚，看看体育节目。但他们没有任何酒水饮料，只有纯净水，2元一瓶，红牛，5元一瓶。

走到巷尾，即见到非常有特色的方老大面馆（门牌号码是抚宁巷50-1号），门口贴

方老大面馆

着特别告示，告知顾客：本店牛羊肉从清真牛羊肉店进货；制作面条过程中不添加任何添加剂；真材实料制作高汤；面条一碗一烧，生面下锅，用料新鲜，明档烹饪，货真价实；所有熟食自己加工；免费加面，免费加油渣。

方老大面馆对面，我注意到"辛亥革命江浙第一枪"的标语，初以为是说书场所，走近一看，大门紧锁，门上贴着几张文字。看文字内容初步判断这个房子的原主人应该是一位文史学者，熟知这一带历史，吁求政府保护历史建筑。根据他的描述，秋瑾曾住在这里。

阿伦特推荐步行路线 **20**

马坡巷（龚自珍纪念馆）

如果你在杭州城站误了火车，在火车抵达之前，你可以钻进城站火车站周围的小街小巷里做一番小小的探索。

马坡巷就是一个非常不错的选择，距离城站火车站步行大约10分钟。入口处有一个指示牌，指示龚自珍纪念馆就在马坡巷16号。

龚自珍纪念馆

龚自珍纪念馆内景

　　龚自珍纪念馆坐落在马坡巷民居中。清乾隆五十三年（1788）军机处行走龚夕身辞去朝官，回杭后买下小米山房为终老之所，四年间连得两个孙子：龚敬身和龚自珍。1792年农历七月初五，龚自珍出生在马坡巷，父亲、祖父以及外祖父段玉裁都是大学问家。

　　1989年，有关部门将小米园改建为龚自珍纪念馆，主楼正厅有书法家沙孟海题写的"剑气箫心"匾，化自龚自珍所作《七绝》："少年击剑更吹箫，剑气箫心一例消。谁分苍凉归棹后，万千哀乐集今朝。"现为杭州市重点文物保护单位。

　　龚自珍受到良好的家庭教育，父亲龚丽正是进士出身，精于史学，著有《国语韦昭注疏》等，母亲也是通书达理的大家闺秀。外祖父段玉裁更是精通文字学的大学者，著有《说文解字注》等，学问精深渊博。龚丽正和敬身、自珍父子都师从段玉裁学习史学、经学和文字学。

　　龚自珍小时候很喜欢音乐，每当听到卖糖人吹的箫声传来，龚自珍"凝神痴想，像病了一样"，母亲知道是箫声所致，赶紧给他盖上被子让他睡觉。但龚自珍仍无法忘记箫声带来的孤寂凄冷之感，只好投入母亲的怀中求得温暖与慰藉。

　　龚自珍博览群书，"敢爱敢恨，哀乐过人"，叛逆精神强烈。他曾将历年诗文求教于前辈名士王芑孙，王芑孙认为他的诗多半"伤时之语，坐骂之言"，担心他"口不择言，动与世忤"，劝他"修身慎言远罪"。他的尖锐言辞吓坏众考官，未能进入翰林院。

从龚自珍纪念馆出来后，沿着马坡巷继续往北走。马坡巷是一条安静而深长的小巷子，在其中步行十分惬意。沿路看到安静的居民小区、蔬果杂货小店。巷子北端还有邮政局下属的一些单位，占据了很大的办公和仓库场所。

马坡巷上溯宋代，当时地处城外，毗邻马场，所以称为马婆巷，明代改称马坡巷。清代安徽休宁贡生汪淮曾居于巷内，内建假山水池，因传闻大书法家米芾之子在此留有遗址，即以"小米"二字定名，称作小米园。1966年马坡巷改称"新人弄"，1981年恢复原名。

马坡巷走到尽头就到了解放路，到这里马坡巷被"拦腰截断"。从地图上可以看到，在解放路北仍有一段小巷，依然叫"马坡巷"。这是怎么回事呢？

早先马坡巷以金衙庄为界，分为上马坡巷和下马坡巷。金衙庄是杭州著名园林，由明隆庆二年（1568）进士、福建巡抚金学曾在此建别墅而得名。庄内有小太湖和楼轩亭台，布局精妙，间以古木奇石点缀。至1959年解放路拓宽向东延伸至环城东路时，金衙庄园林建筑大部被拆，残存的小片现由省轻工业厅招待所、省轻纺产品展销馆及省工艺美术研究所等单位使用。如今的金衙庄，昔日古典园林早已无影无踪。幸好只剩金衙庄三个字，仍留作这一带名称，让后来者循此追索关于杭州的历史往昔。

马坡巷

21 阿伦特推荐步行路线

大学路→场官弄（郁达夫故居）→土山弄

杭州风雨天，我乘坐公交车，前往大学路场官弄63号风雨茅庐——郁达夫故居。

郁达夫故居离我住处不远，步行骑自行车都可以，但今天下雨，我选择了坐公交车。下车后路过小河下、大河下、大学路等小街小巷，经过了卤味店、绍兴老酒店、温州黄牛排店，在卤味店购买了两条素烧鹅，3元一条。

在大学路社区这一带，各种小店齐全，各位万能师傅执杭州市政府颁发的便民服务证，在大学路社区一字排开，有缝补衣服的，有修家用小电器的，在这里生

郁达夫亲自题写的"风雨茅庐"

风雨中的风雨茅庐

郁达夫铜像

郁达夫赠鲁迅诗

活十分方便。

随后郁达夫故居一角出现在我的眼前。风雨茅庐，大学路场官弄63号。

风雨中的风雨茅庐灯火通明，只有我一个参观者。不由感叹郁达夫大费财力心血购置风雨茅庐后，却无法坐下来安静地写作。也许他真正需要的不过是一间陋室。

浙江图书馆旧址

郁达夫在作品中描写年轻人面临的困境和性苦闷，具有重大的现实意义，到今天都没有过时。他甚至远远地超越了时代，直指人类个体面临的困境。他是一个真正的现代作家。

一个能在作品中直言"性欲冲动"的作家，在真实生活中应该是一个比较真实的人。郁达夫为人单纯忠实，与鲁迅是终生挚友。郁达夫写鲁迅的旧体诗"醉眼朦胧上酒楼，彷徨呐喊两悠悠。群盲竭尽蚍蜉力，不废江河万古流"，我认为是他的所有旧体诗中写得最有力的。

风雨茅庐的隔壁，杭州大学路102号浙江图书馆旧址，现在是浙图期刊阅览室，全年开放。浙图与风雨茅庐之间还有一所中医院，浙图与中医院共用一个传达室。我进大门的时候，看到传达室里有医生在午餐。

期刊阅览室全年开放。期刊阅览室空间非常阔大。

从郁达夫故居和浙图期刊阅览室出来后，沿着大学路新村向东走，即可抵达土山弄。这条非常安静的小巷子里有横河轮滑培训中心，是杭州市最大的轮滑培训中心。隔壁是上城区文体市场稽查大队。土山弄紧挨着横河公园。

这里非常安静，而且有一个非常美丽、干净、整洁的公共卫生间。

横河轮滑培训中心

（陈小小/绘）

22 阿伦特推荐步行路线

中山中路（前浙江兴业银行）→三元坊巷
→比胜庙巷→奎垣巷（丁家花园）

　　在清泰街和中山中路（即南宋御街）交界的地方，有全国文物保护单位前浙江省兴业银行，现在是工商银行羊坝头支行。

　　现工商银行隔壁是一家远近知名的西北餐厅，餐厅有两楼，一楼大堂出售盖浇饭和面条，二楼点菜。门口出售清真风味点心和熟食，以及生牛羊肉。每天早上，尤其进入冬季后，在这里买生牛羊肉的人就排起了长队。

　　早前我曾留意到茅廊巷菜市场和附近的其他菜市场没有生牛羊肉卖，曾为此纳闷过，现在已明白：杭州人知道买生牛羊肉要去穆斯林经营的牛羊肉专卖

前浙江省兴业银行

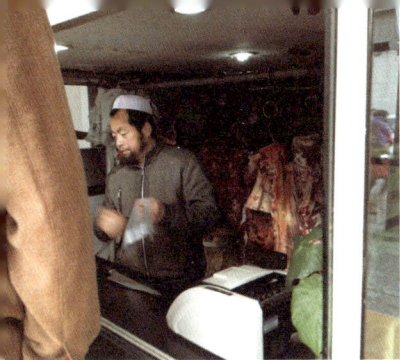
西北人家穆斯林生牛羊肉专卖店

店买。我觉得这是穆斯林在杭州安居乐业的一个证明。这类牛羊肉专卖店在凤凰寺周围的街巷中为数不少。一眼望去，数排生牛羊肉挂在明晃晃铁钩子上，气势雄伟。

我曾在这里排队买过生牛肉回家炖汤，大约排了20分钟队才轮到我。头戴白色小帽的穆斯林大叔问我："怎么吃？""炖汤。"大叔拿了一块较肥嫩的部分，按照我指定的分量切下大致多少，"请帮我切3块。"我知道排队的人还有很多，不敢劳烦大叔帮我切成小块，只请求切3块，这样炖熟后就容易分割了。"切3块可以，再多就不行了。"大叔半开玩笑，帮我切好。肉品正宗，生意兴隆，大叔很骄傲。

生牛羊肉店侧面有一个入口通入一个小巷，三元坊巷。

三元坊巷

宋代巷中多肉铺宰场，民间又称肉市巷。明代淳安人商辂曾在这里住过。《明史·列传第六十四》记载：商辂，字弘载，淳安人。举乡试第一。正统十年，会试、殿试皆第一。终明之世，三试第一者，辂一人而已。除修撰，寻与刘俨等十人进学东阁。辂丰姿瑰伟，帝亲简为展书官。意为商辂连中乡试、会试和殿试头榜，是明代科举考试中唯一"三试"皆为第一名之人，"三元坊巷"因他得名。

三元坊巷9号民居
（杭州市历史建筑保护管理中心/供图）

　　三元坊巷9号是19世纪70年代传统木结构院落式民居，这样的房子保存到现在，住在里面的人肯定有诸多苦处的，外人不能体会。一个读者妙评我在公众号上发出的关于老房子的文章说："外面看看是天堂，里面住住赛牢房。"有切身体会的人才能说出这样的话。这样的房子保存到现在，让现在的人知道了100多年前中国人的居住情况，这是多么珍贵的活资料。如果对老房子加以修缮，我相信住在老房子里是非常特别的体验，对老房子也是最好的保护。

　　三元坊巷11号就在隔壁，与9号房屋主体结构相连。11号院子里有一堵"照壁"，挡住了行人的视线。

三元坊巷最美邻里墙

　　三元坊巷中有一块"最美邻里墙"，介绍热心邻里的事迹。比如"最美书画大使葛德瑞，原龚自珍纪念馆馆长（退休）"、"最美厨艺大使史文渭，社区邻居绝活'无刺鲫鱼'创始人"。这类"最美邻里墙"上的好邻里，以专业人士、照顾社区公共事业和孤老生活的热心邻里为主。在附近与中山南路平行的光复路上，我也曾见到过类似的墙，叫"幸福清波 最美睦邻"评选活动之十佳"睦邻之星"。其中有一位名叫阎藕芗的女士，今年已经77岁，退休前是毛源昌眼镜厂医务室主治医师，退休后主动为邻里测量血压、提供健康指导以及病情观察等医疗服务。另一位名叫朱静安的女士，退休工人，照顾楼上的独居老人多年，每天都会上楼去和老人聊天，看看有什么可以做的。

我很喜欢看这类公益广告，可以从中深入了解杭州人，并深入了解到城市生活的一些基本需要，比如水电维修、独居老人的看护等等。

比胜庙巷

三元坊巷从东到西走到头就进了比胜庙巷。比胜庙巷南北向，以前巷中有比胜庙，现已不存。

比胜庙巷北到开元路，南到西湖大道，一共82米长。在北边和开元路交界的地方，比胜庙巷的入口，绿荫树下，立着一块高大的木头牌子，介绍了本巷的历史：明代时称为瓜荠巷；巷中原有比胜庙，后庙早圮；1966年巷改名为硬骨头二弄，1981年改回原名。

比胜庙巷中的墙上，也有图文记录本巷以及周围小街小巷的历史。对一名阅读爱好者如我来说，阅读墙上的这些图文记录都是乐事。

比胜庙现在已经修缮一新，但巷中仍非常安静。

从北向南快走到西湖大道时，左边通向三元坊巷，右边通往奎垣巷。

奎垣巷

奎垣巷是一个古老的小巷子，两旁几乎都是老房子。

奎垣巷20号民居
（杭州市历史建筑保护管理中心/供图）

奎垣巷主要通道由一条东西小道和一条南北小道组成，南北向的小路叫兴安里。这也是杭州小街小巷的一个特点，巷中有巷，大巷子套着小巷子。

兴安里这条小巷子里有丁家花园的正门。正门上有一个大大的五角星，可能是"文革"期间流传下来的。正门平时不开放。从奎垣巷出来后，右拐上西湖大道，就到了位于西湖大道216号的另一个门。

奎垣巷21号民居

丁家花园

当我第一次看到丁家花园时，我简直不敢相信：这个自宋朝流传至今的花园，杭州市中心保留完整的唯一江南古典花园，静悄悄地坐落于市中心西湖大道216号，地铁定安路站A出口隔壁。

陈从周先生在《说园》中写到，园有静观、动观之分。静观就是园中予游者多驻足的观赏点；动观就是要有较长的游览线。

丁家花园

丁家花园内景

小园应以静观为主，动观为辅。庭院专主静观。大园则以动观为主，静观为辅。前者如苏州网师园，后者则苏州拙政园。

从面积上来说，丁家花园不算是一个大园。园中叠山理水，老树小桥，通往旧主人的住宅。住宅前有一个小小的湖，湖边有大文旦树两棵。"山贵有脉，水贵有源，脉源贯通，全园生动。水随山转，山因水活"（《说园》）。

《造园》一书指出造园的要谛在于，园林中曲与直是相对的，要曲中寓直，灵活应用，曲直自如。园林中两侧都有风景，随直曲折一下，使行者左右顾盼有景，信步其间使距程延长，趣味加深。"万顷之园难以紧凑，数亩之园难以宽绰。大胆落墨，小心收拾（画家语），更为要谛，使宽处可容走马，密处难以藏针（书家语）。"

丁家花园在这些方面都做得很好。没有人专门看守，这是属于每一个人的园林。身为附近居民，我经常在晚饭后前往散步。

上文说过，丁家花园的正门在兴安里。兴安里是一个小小的巷子，这个小小的巷子在奎垣巷社区中。门前有石碑，记录丁家花园是杭州市文物保护单位。正门不对外开放，我只从西湖大道进入园中。

丁家花园的旧主人陈其采，1880年10月21日出生于浙江湖州吴兴，兄弟三人：长兄陈其业（陈立夫、陈果夫之父）；次兄陈其美，字英士；其采行三。1949年陈其采前往香港，后赴台湾，任"国策顾问"，1954年8月7日在台湾病逝，著《涵庐诗草》。

（陈小小/绘）

23

阿伦特推荐步行路线

红门局→羊坝头→火药局弄（王锦培旧居）

　　红门局是一条东西走向的安静小路，东到定安路，西到劳动路，中间有南北走向的延安路拦腰穿过。从劳动路到延安路这一段和从延安路到定安路这一段都是170米左右。这条安静的小路我经常路过。

　　红门局70号有一家首饰加工店，名狮记。白天看到工匠在台灯之下仔细作业，再看台面上摆满了各种器件、丝线、工具，让人觉得有趣，是一个我愿意光顾的店。哪怕不买东西，仔细观赏首饰匠作业，以及柜台中琳琅满目的各种首饰，也是一件有趣的事。

首饰店埋头作业的匠人

红门局别墅

红门局上溯到明永乐二年（1404），朝廷在此专设织造局，负责织染绸缎，为皇室制作凤冠龙袍、纶巾缎靴。因为朱漆大门，百姓俗称红门局。红门局毁于太平军战火，现在唯有名存。

红门局65号是一栋三层砖木结构的花园别墅，建于1935年。1946年，杭州第一纱厂总经理张文魁以黄金420两买进。2004年5月，红门局65号列入杭州历史建筑保护名单。

每次走过红门局，都看到这幢漂亮的老房子门窗紧闭。

羊坝头、火药局弄（王锦培旧居）

由红门局进入羊坝头。《咸淳临安志》记载："市西坊，俗称坝头，又曰三桥街，今为市曹。"今巷名讹为羊坝头。羊坝头朝东向走到头就正面对着凤凰寺，穆斯林每周五做礼拜的地方。

牛羊肉是穆斯林民众乐于食用的食品，我觉得"羊坝头"这个名字十分暗合所在地理。

羊坝头全长约358米，一边是几幢商用写字楼和高档住宅，另一边是一排低矮的房屋，是五金店、家电维修兼空调安装店、烟酒回收店、美发店。房间虽然低矮，但各位主人安居乐业，市容和谐。

羊坝头走到头能看见凤凰寺

羊坝头通往一条小弄堂叫火药局弄。明代官府在此设火药局，专贮火药。明嘉靖三十八年（1559），因研制火药不慎引爆，火药局毁于火灾（刘晓伟著《杭州老街巷地图》）。

从羊坝头这端走进火药局弄，一个干净整洁的公共卫生间在路的左边。向南走不到5分钟，就走到巷子的尽头，火药局弄与惠民路交界的地方，有杭州绸布业实业家王锦培旧居。

王锦培是杭州知名丝绸商人。民国初期，他借了200元钱，置办了一个手拉木机，早晚做纺织，成品出得快，质量好，价格便宜。当时同行业竞争激烈，不乏买卖欺诈，但王锦培始终不取不义之财。最终，他家的商品得到远近争购，畅销海外，不仅在羊坝头一带增设大纶、宏泰等绸布店，北到天津，南到上海、广州，西至湖南、湖北，都有分支。（2015年11月3日《每日商报》，记者谢晨报道）

王锦培旧居

王锦培旧居在火药局弄1号，现在为一家公司单位，不对外开放，只能从大门外远望一下大概。

红门局 羊皮巷 火药局 王锦塘故居 羊坝头 惠尼路

（陈小小/绘）

24 阿伦特推荐步行路线

后市街→惠民路→惠民巷→十三湾巷
→太平坊巷→祠堂巷（于谦故居）

　　沿着羊坝头朝东向走到尽头，迎面就见到凤凰寺。凤凰寺是中国文物重点保护单位，是中国伊斯兰教四大清真寺之一。

　　每周五早上，早早就有长相俊美的穆斯林小贩推着车，车上装了各种干果，等着开市了。到了中午，凤凰寺里传来阿訇悠扬的诵经声，寺外，沿后市街靠近西湖大道一带，买卖正盛。

醒目的凤凰寺

　　每周五早上到午后，在后市街靠近西湖大道一带，置身其中，犹如到了中东一带。

　　凤凰寺前门在南宋御街上，后门就在后市街入口。

凤凰寺正门

凤凰寺望月楼

凤凰寺礼拜大殿

凤凰寺外景

后市街是一条南北向的小街，全长600米出头，是我十分喜爱的一条街道。

后市街南宋时属太平坊，称新街巷，为皇后宅第集中之处。1966年改名前进巷，1981年恢复旧名。

北半段和南半段大致以街边的一个亭子为界。北段以滨盛农贸市场和各个小店铺为主，南半段以居民小区为主。

凤凰寺前的穆斯林小贩

后市街北半段的这些小店铺，以滨盛农副产品市场为中心，有蔬菜水果店、粮油米面店、酥鱼烤鸭店、楼外楼、紫燕百味鸡等卤味熟食店，充分体现了传统商店街的特色，让附近居民的生活变得十分方便。虽然短短的半条街只有300米左右，但店铺数量很多，种类丰富，充分满足了吃货的各种需要。更可贵的是，这些小店都整洁干净，非常有人情味。尤其是凤凰寺对面的滨盛农副产品市场，菜场虽小，但"麻雀虽小，五脏俱全"，从蔬菜水果到新鲜猪肉、水产，再到金华土猪肉、金华火腿都有。

后市街滨盛农贸市场

惠民路、惠民巷、十三湾巷

沿着后市街一直往南走，就到了惠民路。惠民路是我特别喜欢的一条马路。

惠民弄早餐店

这条马路十分温情。路面不宽,虽然来往车辆不断,但没有大马路特有的喧嚣。路两旁的绿荫,给这条马路带来一片清凉和安静。每天早上,好吃的小早餐店一连十几家,你肯定可以找到自己喜欢的那一家;午餐和晚餐时分,也可以轻易找到价格平民、风格各异、味道足可信赖的小馆子。惠民路不是繁忙的大马路,主要顾客是杭州本地人,没有可以糊弄的余地。

早上来惠民路时,街边一长溜早餐店立刻跳入了我的眼帘。有生煎,有拌面,有缙云烧饼和其他各种风味的饼,有穿着白大褂的年长师傅现场制作油条、现烤烧饼,他的认真、专业和熟练让我赏心悦目。我在这里还买到了我爱吃的甜芝麻麻团(油炸的糯米实心大汤圆,外皮裹上芝麻)。

吃饱后看到一个小巷子就钻进去。这条小巷子叫惠民巷,很小。而在杭州,即便是10米长的巷子也会有一个名字。惠民巷里的房子老、旧、干净整洁,富有时光沧桑之美。

惠民巷接连着十三湾巷。我在十三湾巷发现了一个很老的房子。我走进去看,听到两个老人在说杭州话。他们老了,杭州话讲得很好听。

在惠民巷和十三湾巷散步时,我想起了从日本老电影里看到的镜头。这里的风景深具日本老电影的画风。

午餐和晚餐时分时,惠民路上有

惠民弄老房子

不少价格亲民、可亲的早餐店和小馆子，其中惠民路5-9号福缘居是在杭城资深吃货中名气较大的一家。福缘居是一家杭州风味菜馆，虾油卤鸡、虾油卤猪肚、油淋鸡、卤鸭、臭豆腐等是招牌菜。我带着女儿去吃过一次。餐厅装修其貌不扬，有两层楼。我们挑了二楼临窗座位，落座后，看窗外惠民路街景，见风儿掠过树梢，等菜上桌。因为不是在景区以及繁华的街道和马路上，餐厅里始终很安静，连华而不实的音乐都没有。是那种老式而且实在的餐厅，值得尝试。

太平坊巷、祠堂巷（于谦故居）

南北向的后市街南端，接上了东西向的太平坊巷。

太平坊巷与河坊街只隔一条高银街。每逢周末和节假日时，南宋御街和河坊街人潮涌动。但在咫尺之外，也有后市街、太平坊巷和祠堂巷这样的安静小街巷可供散步。

东西向的太平坊巷中，有南北向的祠堂巷。祠堂巷42号有于谦故居。于谦为明朝兵部尚书，勤政爱民，精忠报国。景泰八年

于谦故居

（1457）遭诬陷遇害，百姓将他的灵柩运回杭州，葬于西子湖畔三台山。他的故居被改建为怜忠祠，故巷子名为祠堂巷。1966年祠堂巷改名扫旧巷，1981年恢复旧名。

于谦被冤杀后，他在北京的家被抄。抄家者却发现，他的住处仅能遮蔽风雨。

太平坊巷向东走到头就到了南宋御街，而祠堂巷向南则接上河坊街。

25 阿伦特推荐步行路线

大井巷→叭蜡子巷→南宋御街

逛完了后市街、惠民路、太平坊巷、祠堂巷，向东就到了南宋御街，向南就到了河坊街。不妨先向南走，穿过如今已经成了热闹商业街的高银街，就到了河坊街。近年来，杭州市政府改造背街小巷，高银巷拓宽后更名为高银街，现今这条街因毗邻河坊街，以餐饮酒楼兴盛，是新兴商业街。

穿过高银街就到了河坊街，河坊街起源于南宋。南宋定都杭州，筑九里皇城，开十里天街（今中山中路，即南宋御街）。在宫城外围、天街两侧，皇亲国戚、权贵内侍纷纷修建宫室私宅。德寿宫建于中河以东，开元宫建于上华光（今天的华光路）、惠王府第建于后市街、龙翔宫建于惠民路等。而清河坊的得名，与当时的太师张俊有关。建炎三年（1129），张俊在明州（今宁波市）击退金兵，获得高桥大捷，晚年被封为清河郡王，倍受宠遇。他在今河坊街太平坊巷建有清河郡王府，清河坊的名字来源于此。

现在，以河坊街为中心，这一带被称为清河坊历史街区。其

中，清河坊历史文化特色街区的景点，就位于河坊街180号。而河坊街，也已成为集各地手艺、小吃以及杭州小吃美食于一体的繁华商业街。外地游人来杭州，去了西湖必然还要去河坊街。

大井巷

早晨8点多钟的河坊街没有游人，只有一个个售货亭，还没开张。我在河坊街上散步时，看到一个巷子就拐了进去，这就是大井巷。

大井巷是一个呈西北—东南走向的细长型小巷子，西北入口与河坊街交界，东南尽头与中山中路交接。过鼓楼，就进入南宋二十三坊地界了。

在河坊街和大井巷交界的地方有一个炸绍兴臭豆腐的摊子，门牌号是大井巷103号。一次下午去到河坊街的时候，游人正炽，臭豆腐摊子生意旺盛，10元一份共6个，老板自炸、自吃、自销，香菜小葱自助，厚道。我买了一串吃，味道挺好。

大井巷与河坊街
交界处的臭豆腐店

大井巷是一个古老的小巷，宋时名为吴山坊，坊内有大井，称吴山井巷，俗称大井巷。大井巷中老建筑很多，最有名的当数胡庆余堂，还有朱养心膏药店、保大参号等如今仍健在的历史建

大井巷与南宋
御街交界处

筑。其中胡庆余堂位于大井巷95号，是清末"红顶商人"胡雪岩于清同治十三年（1874）创建的，是国内保存最完好的晚清工商型古建筑群，属于徽派建筑风格。整个建筑形制宛如一只仙鹤，栖居于吴山脚下，寓示"长寿"。

朱养心膏药店位于大井巷13号，店史上溯到明朝万历年间。

保大参号位于大井巷60号，就在胡庆余堂隔壁，现在已经成为胡庆余堂国药号有限公司的一部分。

我从大井巷拐进了一个叫叭蜡子巷的小巷子。巷入口是个二层楼的公共卫生间，从外表看根本看不出来。叭蜡子巷非常小，一共只有十几号。叭蜡子巷一头连着大井巷，另一头通往南宋御街。

叭蜡子巷和南宋御街的交界有杭州"四拐角"近代建筑。1999年3月，河坊街拓宽工程启动，推土机从西向东一路推进，"四拐角"建筑危在旦夕。《浙江市场导报》副总编黄小杭给杭州市委书记和市长紧急写

保大参号

南宋御街入口处

了两封信，呼吁暂拆并保留"四拐角"及周边区域，得到了相关部门的重视。"四拐角"转危为安，并被列入杭州市重点文物，不过建筑功能已经转变。东北角，从前的老字号天香斋和张允昇现在变成麦当劳，东南角的宓大昌现在变成了天工坊琉璃场，西南角的孔凤春现在变成了皇饭儿酒店，只有西北角的万隆腿栈店依然生意兴隆。其门口有"四拐角"杭州历史建筑纪念石碑，出售金华火腿、酱鸭、风鸡等南北货。每天一大早就开始营业，生意兴隆，远近杭州人都赶来挑选爱吃的火腿、酱肉等食物。到了周末，这里更是摩肩接踵。

从万隆腿栈店出来后，往南走就到鼓楼，往南过鼓楼，就进入南宋御街二十三坊的地界了。不过鼓楼，沿着中山路往北走，就走上了南宋御街。

自南宋起，中山中路一直是杭城最重要的城市商业中心，它是杭州市唯一入选中国历史文化街区的街道。中山中路至今仍保留着方裕和（中山中路63号，食品

万源绸庄旧址

南宋御街与西湖大道交界处的"四世同堂"雕塑

连锁店)、状元馆(中山中路74号,酒楼)、高义泰(中山中路119号,布庄)、九芝斋(中山中路羊坝头东侧,现只存旧址)、豫丰祥(现址为中山中路403号,百货商店)、邵芝岩(中山中路298号,笔庄,经营笔墨纸砚以及文房四宝)、奎元馆(解放路154号,近中山中路,酒楼、面馆)等十数家名店老店。街道两侧分布着清朝至民国初期建造的历史建筑,有银行、店铺、民居多样建筑类型,是杭州近代历史建筑最集中、反映杭州历史变迁最丰富的街道。

中山中路112号至114号是南宋御街遗址。2008年3月考古专家在这里发现了南宋御街、元大街、明清大街的断面。最底下一层的路面由排列规则的青灰色砖铺就,这是典型的宋代"香糕砖",常用于宋代城墙和墓葬中。稍高一层为石板路,是南宋后期铺就的,再上一层则为元明清及民国时期的路面,材质为石板、粉沙土等。御街东边还发现了排水沟,并挖掘出宋元明清等各时期的碎瓷片。

如今南宋御街遗址上铺有玻璃罩。遗址陈列馆里展出中山中路上的各个古迹和遗址,在这里可以直观地感受到从千年御街上流淌过的流金岁月,千年悠悠。

南宋御街街景

南宋御街遗址
陈列馆

　　南宋御街是中国美术学院教授、普利兹克建筑奖获得者王澍主持设计的。在主持设计的过程中，王澍在不动迁任何一户居民的前提下，原地改造所有老旧建筑，包括历史悠久的木构民居、民国建筑和近50年的砖混民居。王澍认为，原住民也是维系本地文化的重要载体。中国现在很多打着"保护"的名义做的设计，形同于破坏，就是"保护性破坏"。

　　从南宋御街往北走，回家。回家前，先去把早点的钱还了。早上带了100元出门买早点，老板找不开。丰家兜里现做韭菜鸡蛋饼的老板，和他的冷幽默一起，还在热忙中。

王澍的设计

26 阿伦特推荐步行路线

十五奎巷→晓霞弄→井弄→茶啾弄→四牌楼→元宝心
→城隍牌楼巷→大马弄→瑞石亭→燕春里→察院前巷
→南宋太庙遗址→南宋临安城遗址→太庙巷

如果有人问：我来杭州时间很短，只有半天时间，只能去一个地方，你觉得我去哪里好？

我会回答：西湖不用去了，河坊街也不用去了，其他地方也不用去了，不如从鼓楼城门下穿过。穿过的那一瞬间，时空穿越，你就回南宋了。

南宋御街二十三坊，是近人概括南宋御街附近传统老街区进而统筹出来的一个概念，指十五奎巷、晓霞弄、井弄、茶啾弄、丁衙弄、城隍牌楼巷、四牌楼、察院前巷、察院前支路、勤远里、周衙弄、大马弄、花生弄、元宝心、方井弄、丁衙巷、瑞石亭、燕春里、太庙巷、白马庙巷、高士坊巷、严官巷、泗水弄等二十三个小街小巷。

南宋御街二十三坊紧邻中山南路西侧，整个街区以太庙遗址为核心，覆盖万松岭隧道以北、伍公山麓以南、中山南路以西、紫阳山麓以东范围，占地面积约4万平方米。

其中，城隍牌楼巷、四牌楼、大马弄、瑞石亭、燕春里是我最喜欢的小街小巷，百去不厌。在这五条小街小巷中漫步，我能零距离观察杭州平民的生活。这里有南宋太庙遗迹、南宋御街遗迹、南宋临安城遗迹，有清朝和民国建的老房子，这里的食物价廉、物美、新鲜。

十五奎巷、晓霞弄、井弄、茶啾弄

丁丙著《武林坊巷志》中这样描述十五奎巷的景致："吴山新雨道少人，石龟巷古无风尘"。南宋时称为竹竿巷（与现今的竹竿巷同名），十五奎巷里曾有剧院、街头戏剧表演、街头杂耍等，是繁华的娱乐地段。如今十五奎巷是一个市井气十足的小巷子，城南的杭州市民在这里过着缓慢悠闲的市井日子。白天，家家户户敞开门过日子，做餐饮、杂货等生意，日常市井生活一览无余。平常市民的日常生活没有华而不实和虚假光鲜的成分，这里也没有那种特别针对游人量身定做的旅游商业味，反而看上去有点杂乱无章。如果游客"猎奇"心理过于严重，也许不会轻易地喜欢上这条小巷。

有关"十五奎巷"这个名字的来历，有两种说法。一是说巷内徽州会馆里有一大石龟，俗名石乌龟巷，因不雅逐渐改称十五奎巷。另一种说法是，明嘉靖年间，巷里的居民多擅长骑马射箭，科举考试时一举得中十

从十五奎巷可以进入
南宋二十三坊

十五奎巷26号建筑

（杭州市历史建筑保护管理中心/供图）

人，故称十武魁巷，谐音读成"十五奎巷"。巷内原有祭祀行刺秦桧的殿前小校施全的施公祠以及玄妙观，已毁，现在留有纪念牌，镶于26号杭州市历史建筑隔壁墙上。

十五奎巷26号是一个漂亮的二层小楼，杭州市历史建筑。某次路过这里，见到屋子里坐满了居士，还有几个出家人，只听满堂念佛声。后来，我屡屡回到十五奎巷，却再也没有看到念佛的场面。

十五奎巷是吴山山脚下重要的小巷，串联起晓霞弄、井弄、茶啾弄等直通吴山的几条小弄堂。

晓霞弄是连通吴山与十五奎巷的一条上山小弄堂。刚搬到杭州时，因为喜欢慢跑，常从吴山广场上山，沿着粮道山、药王庙一路往东，练习上坡、下坡。路过药王庙门口的千百年古树，与晨起早锻炼的杭州人擦肩而过，随着先上后下的山势，分别经过有美堂遗址、东岳庙。快到山下时的这一段山路就已是晓霞弄。沿着晓霞弄一路下山，直到晓霞弄与十五奎巷的交界处，然后沿着原路返回，再度经过东岳庙、有美堂遗址、药王庙、千百年古树，沿着粮道山下吴山，再慢跑回家。

从吴山下到晓霞弄

井弄

晓霞弄接近十五奎巷的时候，就见到小贩蹲在路旁石阶上卖日用杂货。在晓霞弄与十五奎巷的交界处的墙上，可以看到晓霞弄的历史和巷名由来。原来晓霞弄的名字始于清朝，有诗曰："晓霞举处已轩轩。"清晨上楼，推开窗户，见到朝霞。

清光绪年间，杭州学者丁申、丁丙兄弟俩曾从晓霞弄上吴山，观钱江潮景，并写下《登吴山酒楼遇雨》："山楼高面钱江起，揽胜清樽笑共看。斜阳远随潮势落，层云忽送雨声来。林宗巾折光思垫，杜甫诗成尚待催。向晚淋漓归去也，灯前重拟醉新醅。"

如果我下山的过程中，不到晓霞弄而中途右拐下山，我就会面临两种选择：沿着井弄下到十五奎巷，或者沿着茶啾弄下到十五奎巷。这是两条大致平行的弄堂。其中井弄中有3号墙门、10号墙门和21号墙门里的三口古井。"井弄"之名名副其实。其中3号和10号的古井居民们仍在使用，虽然已不饮用，但洗衣或做卫生时大家都还用井里的水，水很干净。

井弄下到十五奎巷交界处有一个老底子老汤面馆，我在那里吃过一碗片儿川。那次是我第一次吃这种杭州面食：面条里有雪菜、笋丝、瘦肉丝。老板是杭州人，颇为和气。我觉得面比较淡，请他加了

老底子老汤面馆

点雪菜。他帮我加了分量足够的雪菜，用油煎熟，加到我碗里，也没收钱。

茶啾弄是从十五奎巷直通吴山的另一条分弄。南宋时期，茶啾弄名为茶钞弄，是交引库的所在地，交引库是宋代的官署名，隶属太府寺，掌管印发、收纳交引钱钞。另外，茶提举司也设在此，负责征收茶叶钞票，所以称呼它为茶啾弄。满清时期改名为茶锹弄，民国时期又改成察啾弄，而"啾"字本应该是"钞"字，是误读所致。

四牌楼、元宝心、城隍牌楼巷、大马弄

十五奎巷走到底，自然而然地就接上了四牌楼。我非常喜欢四牌楼：这里的房子是原汁原味的清朝和民国建筑，这里的气氛安静闲适，这里的杭州人过着踏踏实实的日子。

十五奎巷和四牌楼交接的地方，有普福庵遗址。普福庵原是一座尼姑庵，现在大院子里面住满了人，门楣上留着"普福庵"三个大字，十分古意。

四牌楼向西接上元宝心。元宝心是古代皇帝的上山御道，因地势高高拱起，如元宝"心"而得名。康熙、乾隆几次上吴山都经由此路，从元宝心连接的登山道有宽阔、整齐的石砌台阶，可见当年气派。

元宝心与吴山交接的地方有石观音阁，建于明晚期，为一四合院建筑，内大殿倚崖而筑，正中镌一观音像，旁镌有形态各异的罗汉像。20世纪60年代中部分被毁，今为民居。元宝心60号有阮公祠，

四牌楼巷

元宝心66号民居（杭州市历史建筑保护管理中心/供图）

系祀清浙江巡抚阮元的祠堂，现已对外开放。

元宝心3号有"吴山理发店"，理发师是一位老师傅。剪发8元，洗吹12元，价格实惠，是从前的老式风格。

四牌楼向东接上城隍牌楼巷，城隍牌楼巷99号隔壁是游埠豆浆店。在我眼里，这是一家非常幸福的早餐店，下文详述。

城隍牌楼巷通往大马弄。大马弄北起城隍牌楼巷，南至太庙巷，长约160米左右，宽4米左右。1966年改名韶山弄，1981年改回原名，是一条生活气息十分浓郁的小巷子，我非常喜爱大马弄。这里有来自浙江各地的新鲜蔬菜和水果、各类水产海鲜、各种卤味熟食以及杭州小吃，价格实惠，人气鼎旺，深受附近居民欢迎。

城隍牌楼巷

2012年4月，大马弄5号"丰记宏安茶行"旧址受到保护性修缮。这个老石库门建筑建于清末民初，距今已100多年。而宏安茶行开办于1943年。

大马弄6—1号"杭菜"杭州小吃，70岁的老板娘边做边卖卷鸡、豆腐皮、梅干菜红烧肉、笋烧肉等杭州小吃，是大马弄的风景线之一，下文详述。

大马弄

瑞石亭

瑞石亭的义井

瑞石亭、燕春里

大马弄通往瑞石亭。《淳祐临安志》：在钱塘县旧治之南七里，瑞石亭出焉。瑞石亭旧称井亭，民国时改称瑞石亭。瑞石亭东起大马弄，西至丁衙巷，长100米，宽4米。南宋时叫井亭，民国时改称瑞石亭，以亭而得名。

瑞石亭两侧的居民，几乎家家户户都在屋前两侧摆放盆花，有些还搭上了丝瓜架。这是一个充满了花香鸟语的小巷。因为瑞石亭的一侧是平房，另一侧是七八十年代造的高层住房，有关部门在现代居民楼的一楼屋檐处加上披檐，让两侧的建筑风格统一。

瑞石亭畔有一口四眼井和一个洗衣台，居民们都在此洗衣、打水。这是瑞石亭这个小巷最重要的景观。

在瑞石亭畔，我还见到了宝成寺义井。这样的义井在杭州小街小巷里有不少，居民洗衣用水都靠它。

瑞石亭通往燕春里。燕春里大约只有10米长，寓意"燕子春归来"，是一小排石库门建

燕春里

筑。走进这条石库门里弄，抬眼是吴山的青山绿树，低头是青砖、界碑、黑门、红窗，短短一条巷，几乎都是保存完好的优秀石库门建筑，门楣上有精美的浮雕花饰。

燕春里8号、9号之间的"姐妹井"，井底下是相通的，共享一脉清泉。两口水井的形制皆为水泥井圈、石板井台、砖质井壁，井深约8米，是典型的民国时期水井的构筑方法。

燕春里9号是著名核物理学家吴健雄哥哥的住所。

燕春里虽然只有10米长，却是一条非常美丽的小巷子。

察院前巷、南宋太庙遗址公园

大马弄另通往察院前巷。南宋时，察院前巷是左右丞相府的所在地，元为御史南台所在，明改为都察院、巡按院，巷名由此而来。清康熙末年（1722）又改造为万岁龙亭，为节日文武百官朝贺以及拜表迎诏的场所。

临安城遗址

察院前巷中有察院前农贸市场，农贸市场里有很多有特色的摊位，其中有一个温州鱼饼摊，出售鱼饼、鱼丸等温州特产，品种丰富，很是吸引目光。

察院前巷通往南宋太庙遗址和南宋临安城遗址。围绕着太庙遗址的小巷就是太庙巷。在太庙巷的西首，有南宋宰相韩侂胄的南园遗址。元朝时，官府在这里设有

南宋太庙遗址

榷茶提举司。

太庙是古时皇帝祭祀祖先的宗庙。1995年，杭州有关部门在旧城改造过程中，发现了现在的南宋太庙遗址。当时杭州市文物保护管理所所长杜正贤在和我国著名考古学家徐苹芳在电话里提了一下，徐苹芳就推掉手头上所有工作，从北京赶到杭州。看到太庙遗址，徐苹芳很激动。随后经过勘察和发掘，确定南宋太庙遗址是新中国成立至今经考古发掘的时代最早、保存最完好的太庙遗址。

面对文物保护和城市建设，徐苹芳据理力争：杭州作为七大古都之一，过去一直缺乏反映古代城市格局的代表性建筑，南宋太庙遗址补上了这个空缺。正是徐苹芳的坚持，杭州市政府当即决定，补偿建设单位，停止开发建设，在遗址建设了"南宋太庙遗址公园"。当初如果没有徐苹芳的竭力坚持，现在的太庙遗址上面，就会是一个商品房小区。

南宋太庙遗址的保存，让杭州对地下文物的关注出现了转机。2000年，杭州政府下达了"死命令"：凡是杭州老城区要进行改造，在做基建项目之前，必须先考古，一旦发现重大遗址，保护遗址比城市建设更重要。

太庙巷

太庙巷58号建筑为杭州市第六批历史建筑之一，建于20世纪50年代。

太庙巷58号建筑
（杭州市历史建筑保护管理中心/供图）

潜庐外景

之前曾被用做宋城书画院，后因年久失修，房屋空置多年。这座坡屋顶、三层砖混结构的建筑，底层刻有和平鸽的柱头，灰墙白色连廊，棕色的木质门窗。在3楼，一个跨度10米的白色穹顶使得房间空旷而宏大。这样大的弧度全部是用砖块堆砌而成，工艺十分罕见。这是杭州市拱砖薄壳结构三处实验房之一，是中西方建筑风格交融的产物，而另外两座据说已经被毁。

太庙巷中的潜庐是民族实业家、教育家何绍韩的故居，杭州硕果仅存的山岬园林（岬，指山向外面伸出来的山包），体现了中式园林和西式洋房的中西合璧。面积大约有3亩多，目前仍有何绍韩的后人在里面居住，是私人住宅，不对外开放。

现在，南宋太庙遗址与南宋御街遗址（中山中路112-114号）、临安府治遗址（发掘地点在今荷花池头）、南宋皇宫遗址（现在的凤凰山一带）等，组成南宋京城杭州的庞大遗址群，是西湖申遗中分量最重的砝码。

阿伦特推荐小吃

城隍牌楼巷99号隔壁游埠豆浆，全天出售咸、甜豆浆，油条、烧饼，洋糖糕，盖浇饭和面条。

大马弄6-1号杭州小吃店，门面上只有"杭菜"两个字，现场制作卷鸡、素肠、素烧鹅、四喜烤麸、素鸡、干菜红烧肉、红烧蹄髈等地道的杭州美食。

27 阿伦特推荐步行路线

严官巷→南宋遗迹陈列馆

　　严官巷，位于上城紫阳街道，东接中山南路，西出寿春弄，与白马庙巷、高士坊巷形成交叉十字。与南宋临安城遗址、太庙遗址、三省六部遗址相邻。

　　当年严官巷属于南宋高层统治的核心区域，与御道部分重叠。相传宋孝宗染上痢疾，御医也无良方。太上皇派太监四处打听，寻觅到此小巷药局有一位严姓郎中精于治痢，便宣召此人进宫诊治。严郎中对症下药，几服而愈，"严官巷"之名由此而起。

　　当我走进严官巷南宋遗迹陈列馆时，我和南宋之间的距离瞬间近在咫尺，同时想起了2012年独自一人参观巴黎地下墓穴博物馆的经历。巴黎地下墓穴博物馆陈列着1786年巴黎瘟疫中一部分死者的尸骨。走在其中，我与18世纪的成堆尸骨只一掌之遥。地下墓穴很阴凉，我仿佛呼吸着来自1786年的空气。

　　当我无限接近千年之前的南宋城市建筑遗迹时，我又呼吸到了在巴黎地下墓穴参观时呼吸到的那种来自几百年前的空气。

严官巷：隧道给地道让路

2003年，为缓解西湖周边交通压力，杭州决定开凿万松岭隧道。隧道东接现在的严官巷一带，南宋时为中央官署所在地，有三省六部、玉牒所、封椿所等，后来还发现过南宋太庙等重要遗址。

为不破坏地下文物，杭州市文物考古所对施工所涉及范围进行"抢救性考古发掘"。2004年8月，发掘工作有惊人发现，包括：南宋御街，南宋三省六部官署围墙遗迹，南宋晚期石砌储水设施遗迹，南宋河道遗迹，南宋白马庙遗址等，尤其是南宋御街，建筑考究，气势恢弘。同时出土的还有大量精美的龙泉窑、越窑、官窑等青瓷及少量定窑白瓷，釉色晶莹，有很高研究价值。还有一件南宋龙泉窑青瓷碗，伤痕累累，毫不起眼，实际上非常难得，是我国现今发现年代最早的补碗技术实例。这一发现，让严官巷考古工地荣列2004年度"全国十大考古新发现"之一。

这时，一个现实难题出来了：要御街还是隧道？在城建专家及考古专家论证下，杭州决定来个"创新"：隧道照样建，但通过

南宋遗址陈列馆

文物遗址时，采取"小高架"形式，用20根1.2米直径的桩基把隧道路面托起，底下文物不受丝毫损害。同时，在隧道两边建两个相互连通的展示厅，用来保护御街遗址。

现在你去严官巷南宋遗址陈列馆参观，除了御街，还可以看到很多当年考古发掘出来的遗迹，完整无缺。

如果当初杭州政府部门坚持"城市建设"才是第一，无视文物考古学家的专业建议，今天我们就不能零距离呼吸来自南宋的空气了。

一个无视自己历史的城市，如同一个没有灵魂的人，哪怕外表打扮得再光鲜，也形成不了城市自身和市民的精神基础，不能吸引人为之驻足。

一个不遗余力保护自己历史遗迹、传统文化和传统美德的城市和国家，虽然会因为工地暂时停工而造成一些经济损失，但将会赢得更多更长久的经济来源。请看今日之日本、今日之巴黎，以及今日之杭州。

阿伦特推荐步行路线 **28**

府学巷→劳动弄→新民弄→
旧仁和署→三衙前→荷花池头

今天早上，我去了几条安静的小街区散步。路线是：从劳动路右拐进府学巷→劳动弄→新民弄→旧仁和署→三衙前→荷花池头→景云村（中国美院边门）→毛源昌眼镜店→吴山人家小区→劳动弄→府学巷→府学巷公共自行车租借点→骑车回家。

府学巷是一条安静的小巷子，巷子里有孔庙，周一不开放。府学巷走到底就到了劳动弄。这里有一个叫吴山人家的小区，安静、干净、整洁。

沿着劳动弄——其实就是吴山人家这个小区里的一条公共小马路，看着墙那边孔庙院子里的大树和飞檐，感到赏心悦目。

沿着劳动弄走到底，出小区门。这时就看到了毛源昌，一个隐藏在小弄堂里的老牌眼镜店。

在劳动弄看隔壁孔庙的飞檐

毛源昌的外表有80年代画风，朴素、耐看，希望不要改变。

毛源昌门前的这条小弄堂叫做新民弄，新民弄里的小区叫作新民村。沿

毛源昌眼镜店

着新民弄走到底，就到了旧仁和署和三衙前，两条呈90度垂直相交的安静小巷，非常安静也非常干净。旧仁和署是南北向，三衙前是东西向，非常适合散步。

旧仁和署向南走到尽头就到了车喧马闹的河坊街，赶紧掉头，返回到安静的旧仁和署巷中。

从南北向的旧仁和署拐进东西向的三衙前巷，向西走到尽头就到了荷花池头，一条安静的南北向小巷子。

旧仁和署和三衙前交界处

荷花池头南宋时称流福坊，为临安府治所在。2001年，荷花池头在挖掘房基时发现了南宋临安府治遗址，被列为"2002年我国十大考古发现"之一。

荷花池头40号是当代著名书画家、原浙江美术学院院长潘天寿故居，为

潘天寿纪念馆

茅以升旧居

一幢两层三开间西式别墅，建于20世纪40年代，现改为潘天寿纪念馆。

巷内31号有20世纪20年代所建中西式两层别墅，系我国桥梁专家、钱塘江大桥设计者茅以升旧居。

荷花池头巷中墙上画有硕大的荷花并有文字说明，介绍巷子历史。但我觉得一个城市的历史，甚至一种传统文化应该通过建筑和人们的精神面貌来呈现。墙上如有文字和图片，也应该以更加巧妙并且不太显眼的方式融入到人们的视线中，荷花池头巷中墙上尺寸过大的文图，略需斟酌。

29

阿伦特推荐步行路线

直戒坛寺巷→戒坛寺巷→龙兴寺经幢
→九星里建筑群→长生路（徐青甫故居）

　　在杭州步行时，我会尽量避开像延安路这种宽阔的大马路。那天本想乘坐杭州水上巴士从武林门到拱宸桥，一看到排队人很多，即打消主意，从武林门码头上岸后沿着延安路往南步行。

　　走到延安路和灯芯巷交接处时，看到了路边的龙兴寺经幢。

　　经幢已经被一座红色亭子密封保护，只能通过玻璃一窥大概，拍照只有反光。经幢一旁有"浙江省省级文物保护单位"和"全国重点文物保护单位"石碑两座。据其中的"浙江省省级文物保护单位"石碑记载，龙兴寺经幢始建于唐开成二年（837），是浙江省最早的佛教经幢，也是杭州最古老的建筑物。经幢上刻着《陀罗尼经》，唐代书法家胡季良书（由另外两位匠人雕刻）。经幢上另刻有八尊力士像。

　　龙兴寺经幢原来有两座，现在只剩下一座。据宋《咸淳临安志》记载，龙兴寺创建于南朝大同二年（536），当时邑人鲍侃舍宅建寺，称为"发心寺"。据《龙兴寺志》记载，唐神龙三年（707），改为"龙兴寺"。北宋大中祥符年间（1008—1016），真宗赐额"大中祥符寺"，当时的规模很大，全寺又分为龙兴、祥符、戒坛三寺。

龙兴寺经幢

龙兴寺最终毁于1959年扩建延安路，仅存经幢。1997年入选浙江省省级文物保护单位，2003年入选全国重点文物保护单位。

抵达龙兴寺经幢前，我在直戒坛寺巷、戒坛寺巷步行过，从《龙兴寺志》方知原来"戒坛寺巷"之"戒坛寺"戒坛寺巷20号有知味观，因为位于小巷内，即便是周日也没有很多人。店里空间很阔绰，沙发椅子坐着很舒适。我吃了馄饨。知味观隔壁是新延安饭店。

从戒坛寺巷出来后就是延安路，往南步行数分钟就可以见到龙兴寺经幢。

参观完龙兴寺后，继续沿着延安路往南走，不多时就见到了两层红色小楼，建自清宣统元年（1909），当时为浙江高等审判厅，民国时期改为浙江高等法院及杭县地方法院，1949年后划归浙大医学院。后杭州市政府购回此楼，修缮后用作杭州城市建设陈列馆。

原浙江高等法院

进去快速参观了一遍。红楼是西式现代建筑，门窗阔大敞亮，光线非常明亮。馆中主要以图片和文字形式展示杭州城市建设历史，以及定期举办各种展览和活动。这些都是非常好的。

九星里建筑群、徐青甫故居

杭州城市建设陈列馆

参观完杭州城市建设陈列馆后回家查资料，不料又查到附近的九星里建筑群和徐青甫故居。隔天又骑车去找寻。

九星里建筑群紧挨着徐青甫故居。前者是石库门民居建筑，建于1929年。类似石库门建筑在杭州很多，步行时时有见到。凡以"里"字结尾的建筑大抵是石库门建筑，如位于中河中路与柳翠井巷之间的源茂里、南宋二十三坊中的燕春里、浣纱路上的平远里、惠兴路上的惠兴里等。

徐青甫故居是三层小楼，我去的时候门窗紧闭。徐青甫，银行家、经济学家，博览群书，著述均从救国富国的立场出发，针对社会积弊，以一个银行家、经济学家的眼光，直陈己见。他的

九星里建筑群

（杭州市历史建筑保护管理中心/供图）

数万册藏书于1949年后全部捐献给浙江图书馆。1949年后，徐青甫为了带动各界人士购买建设公债，变卖家私，买了2万多元公债。1955年，徐青甫当选为浙江省政协第一届委员会委员，1961年3月16日，徐青甫在杭州病逝，时年83岁。

徐青甫故居

杭州城市建设陈列馆

九里建筑群

龙兴寺经幢

路村延

徐青甫故居

（陈小小/绘）

30 阿伦特推荐步行路线

慢跑、步行或坐船，数东河上十三座古桥

游客只知杭州有西湖，不知杭州有1845条河。但杭州人知道离开西湖，投入到这些河的怀抱里生活。

杭州有一个名叫"杭州河道"的APP，有很多有用信息，也可以找到每条河的河长联系信息。我下载了一个，大小消息读得津津有味。

杭州市政府对这些河很重视，很多河边有适合行人散步和慢跑的道路，大多辟于地下，巧妙地避开车水马龙，伴以鸟语花香。我把这些河边小道称为"内城河道"。我住在中河与东河之间，更是经常在中河、东河边慢跑。这两条河都通往京杭大运河。中河边有高架，会听到车马喧嚣的声音。东河边非常安静，河上许多古桥可以上溯到南宋。

我每天的慢跑路线是从淳祐桥起步，沿着东河沿岸一路北上，路过万安桥、菜市桥太平桥、凤起

东河一景

坝子桥

太平桥

桥、宝善桥、坝子桥，到了东河和京杭运河交界。经过一座叫"雪隐"的美丽公共卫生间，沿对岸返回。

或从淳祐桥起步，沿着东河一路向南，到安乐桥。南宋已有此桥，那时为拱形石桥，现在是钢筋混凝土平桥。从安乐桥桥下经过，来到五柳巷历史社区。五柳巷历史遗韵深厚，现在经内部修缮、外表粉刷后已焕然一新，成为杭州知名历史街区。

继续往前跑，过斗富三桥、斗富二桥。上斗富二桥，到东河东岸，北上。一直到坝子桥。到了坝子桥，就到了东河和运河的交界处。

万安桥（上）与广安新桥

坝子桥也是东河杭州水上巴士的终点。此处有调度室，墙上贴着东河风情游导览图，其中有东河上十三座桥的历史和典故。

从坝子桥，再度沿着东河南下，过宝善桥、凤起桥、太平桥、菜市桥、万安桥、解放桥到淳祐桥西弄。回家。

或者坐杭城水上巴士，从起点梅花碑（明末清初画家蓝瑛画梅花碑在此）坐到终点坝子桥，游览整个东河，船费3元。

东河上的水上巴士

杭州东河风情游览导图

阿伦特推荐步行路线

31

从武林门慢跑、步行或坐船到拱宸桥

我喜欢慢跑。有一两次我从家里出发，慢跑到拱宸桥。

从淳祐桥起步，沿着东河沿岸一路北上，跑到东河和京杭运河交界。

到了京杭运河界，顺着河道左转，迎来了一小段比较狭窄的小路。一路往西跑，到了中北桥，看到桥下雕刻有一句话"到北京登长城，来杭州游运河"，和一尊石雕的司徒雷像，这个雕像中的司徒雷登穿得犹如古代传教士或殉道士一样。有一次上岸买饮料，我看到了一个"错过西湖，留住运河"的广告，挺好的。

运河沿岸有很多名胜遗迹，可以看出杭州市政府对这些遗迹做了详细的勘察，并以各种地图、雕像、画像、纪念碑和建筑的形式呈现，不能说艺术水平都很高，但

运河下的司徒雷登像

拱宸桥是京杭大运河的终点

却最大限度地让人理解了所在地的地理、历史、风土、人情。

这也是我搬到杭州居住后感慨很深的地方。杭州街头各种指示地图很多,不仅指明你所在的地方、周围地理,还会对此地历史变迁做一个简介。小街小巷里,各种介绍本巷地理历史、风土人情的图画和老照片很少。我甚至在小营公园里看到了对宗教和邪教之区别的介绍,所有这些地图我都会驻足细看,徒步旅行的乐趣倍增。

继续沿着运河往前慢跑,路过潮王桥。路过潮王桥后,我跑错了一段路,在手机上查阅了地图后沿着教工路、大关路,再度回到运河边。过大关桥,沿着运河对岸继续北上。过登云桥,直至拱宸桥。

拱宸桥是京杭大运河从北京抵达杭州的终点。无论在从前还是在今天,都是杭州一处重要的地标。关于拱宸桥,有着太多的历史和故事。

2016年5月5日,68岁的摄影师刘世昭抵达拱宸桥。在过去67天里,他从北

运河畔的富义仓

京恭王府出发，沿着大运河骑行了2100多公里，终于抵达杭州拱宸桥。

刘世昭上一次骑自行车从北京到杭州是1981年到1982年的事。1981年，作为《人民中国》杂志摄影记者的刘世昭和文字记者沈兴大一起，从北京出发，沿着全程1794公里的京杭大运河两岸，骑了整整404天。两人沿途采访了53个县、77个村镇、上千人，骑行距离长达

陈从周故居指示牌

5000多公里。受当年刘世昭和沈兴大骑行京杭大运河启发，20世纪80年代有众多日本骑行爱好者数年中多次骑行中国大运河。

35年后，刘世昭重新骑行京杭大运河。抵达拱宸桥那一天，90多岁的母亲和80多岁的同事沈兴大在终点等他。刘世昭的母亲是杭州人。

或可从武林门码头乘坐杭州水上巴士至拱宸桥，但要避开周末和节假日。

32 阿伦特推荐步行路线

西溪湿地公园（麦家的理想谷）

那天，我正在天水巷里闲逛，收到朋友发给我的一条微信链接。打开一看，说作家麦家在杭州开了个图书馆，不仅向所有人免费开放，创作者还可以申请免费食宿三个月。

看天还早，我就骑着公共自行车经中山北路、环城北路、湖墅南路、文晖路、莫干山路、文二路，一直沿着文二路往西骑，大约50分钟后，到了位于文二西路683号的西溪创意产业园。麦家的图书馆大名叫"麦家理想谷"，就坐落在创意产业园里。

西溪创意产业园文二路上一共有两个门，麦家的理想谷从西边那个门进去，门口刚好可以还公共自行车，进园门需要身份证登记。进

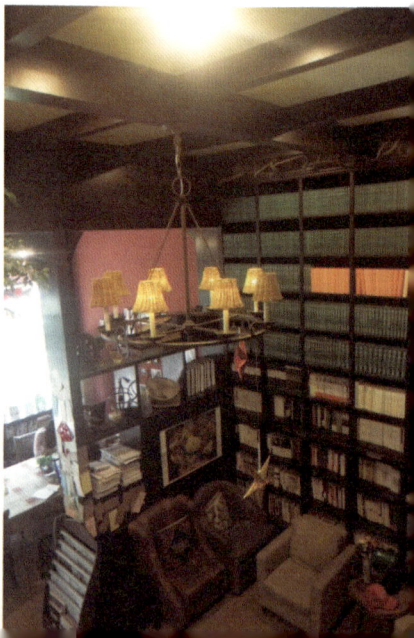

麦家的理想谷

曲水庵

去后一直往里走，步行5分钟就到了。

图书馆有两层，收藏中外众多图书，室内设计布局让人感觉舒适。读者可以坐在舒适的沙发上阅读，也可以喝免费的菊花茶或咖啡。一楼进门左首是工作人员开放式办公场所，右首是前台。二楼有三个房间，是提供给创作者免费居住的。

我以前对麦家的小说了解不多，最近去了他的微博看一下，觉得他发的微博隽永细腻，是一个值得深入了解的作家。

一个作家，无论写什么题材或什么"类型"不是最重要的，对人性的体察以及诗意地表达才是重要的。

曲水庵、茭芦庵

西溪创意产业园再往西是西溪湿地公园。西溪湿地公园内有曲水庵、茭芦庵等数百年的古老寺庙。

2016年大年初一，我曾前往曲水庵拜见一位出家的朋友，中午留在寺内吃素斋，留下了非常愉快的回忆。

茭芦庵

33 阿伦特推荐步行路线

体育场路→弥陀寺路（弥陀寺摩岩石刻、约园）

2016年7月1日，《都市快报》的一则关于弥陀寺重新开放的消息吸引了我。当即请"小红"载我，一路骑到体育场路。沿着体育场路往西骑，直到弥陀寺路。

体育场路与弥陀寺路的交界处，有银行家、经济学家张寿镛在杭故居约园。

张寿镛（1876—1945），字咏霓，号伯颂，别署约园，浙江鄞县（现宁波鄞州区）人。清光绪二十九年（1903）举人。民国年间历任浙江、湖北、山东、上海、江苏财政厅厅长、国民政府财政部次长。他创办光华大学，藏书近10万册，所藏刊刻《四明丛书》广为流传。

约园现在已经变为某公司办公

约园是张寿镛旧居

修缮一新的弥陀寺

场所，大门紧闭，不对外开放。

沿着约园隔壁并不起眼的弥陀寺路走进去，只见公园内部除了新铺的平滑水泥道路，就是各个单独建筑如大佛殿、念佛堂、藏经楼、老厅、新厅、法雨庵。难以想象这里昔日曾经住了372户人家和7个单位。

2015年9月，弥陀寺启动修缮工程。8个月后，修缮完工。

弥陀寺最吸引人的地方，就是最南面的摩崖石刻，镌刻于清光绪四年（1878），距今已经138年了。

修缮前，崖壁上布满了青苔和污渍。这次修缮，匠师们先把表面的青苔和污渍一点点抹掉，再用脱盐、加固、表面防护等方式，对石刻进行了彻底清理。现在，石刻上的《佛说阿弥陀经》清晰可见。为了保护石刻，匠师们给石刻装上了"保护罩"，建在石刻顶部，把整面摩崖石刻保护起来。

130多岁的摩崖石刻重见天日

张寿镛故居约园

约园

（陈小小/绘）

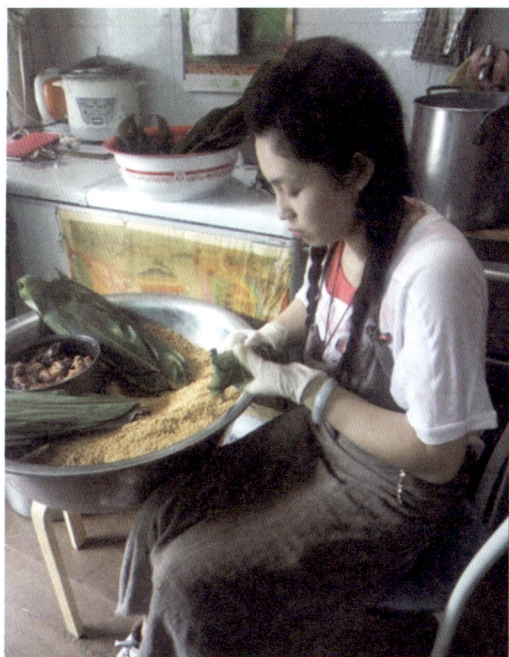

贰

小店小贩篇

杭州人在哪里买菜? # 01

以前住在上海时，买菜主要去菜市场和大超市。每次来杭州，看到西湖边人很多，而走到非景区却又冷冷清清的，好像没什么人，也没什么大超市，不由纳闷：杭州人在哪里买菜？

搬到杭州后，逐渐发现：杭州人买菜的地方，除了菜市场，更主要的是藏在小街小巷中的众多蔬菜店。可以说，任何一个小街小巷中都有蔬菜店，这些蔬菜店无论大小，风格大多粗犷朴拙，生气盎然，室内设计都非常简陋，店主和顾客的注意力显然都集中在蔬菜上。与去菜市场相比，我更喜欢到这些蔬菜店买菜。

这些蔬菜店的格局一般是一个房间，方便顾客出入，光线也明亮。无论是蔬菜、水果、肉、鱼类，都十分新鲜。顾客自由挑选后，在店门口结账，很方便。

顾客都是周围住户，价平货靓。

这些蔬菜店的名字，大多有"勾庄新鲜蔬菜直销"字样。勾庄位于杭州市余杭区，这里有着华东最大的农副产品市场——杭州市农副产品物流中心。2013年，杭州市农副产品物流中心合并了杭州市内大小约19个果蔬和粮油批发市场，成为杭州人身边最大的菜篮子和米袋子。这里不仅批发，也零售。据说在那里什么都可以买到，价格和批发价差不多。中心开设了"菜篮子路线"，方便杭州的家庭主妇们去囤货。但是我大约不会去。据说那个地方有9000多个篮球场那么大，去了恐怕会晕倒。我赞同法国人的买菜哲学：只买所需要的最小量。

杭州人买菜的首选，绝不是上海人依赖到不行的大超市，甚至不是大菜市场，而是这些隐藏在小街小巷中的新鲜蔬菜店。每天天不亮，蔬菜、水果、鸡鱼肉蛋从勾庄新鲜运达。

游埠豆浆店 02

城隍牌楼巷是杭州一条古老的小巷子，在宋朝叫吴山庙巷，明代叫城隍庙街，清朝时叫城隍牌楼，现在叫城隍牌楼巷。这条小巷子不长，才330米。从巷子里往西走，分别经过四牌楼、元宝心，就到了杭州市中心唯一的一座山——吴山。清朝康熙和乾隆二帝南巡杭州，常从这条巷子上下吴山。

有一天，我无意中走进了城隍牌楼巷，无意中发现了这个早餐店。

这个早餐店位于城隍牌楼巷100号对面、99号隔壁，没有门牌号，门头上有五个字"游埠豆浆店"。杭州的朋友告诉我，游埠是兰溪市的一个古镇。后来得知豆浆店老板大名叶军，老家是游埠的。

第一次路过这家店门口时，坐在门口的三个老人吸引了我。他们

三位老人坐在门口喝豆浆

穿得体面，皮肤细腻，看上去很精神，自带碗筷，喝着咸豆浆，咬着大饼油条，脸上洋溢着快活、满足的表情。

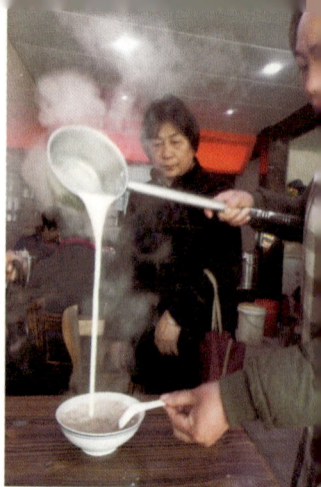
老板娘冲豆浆的手法很美妙

我走了进去，发现店里的每个人都很自在。两位大师傅忙着贴烧饼、炸油条，案上有炸好的麻团、粽子，炉子上有煮好的茶叶蛋。顾客自己动手取食，找位置坐下来吃，吃完到门口结账。没人监视你吃了什么、吃了多少，全凭自己报。老板娘忙着给客人冲咸、甜豆浆，光看她冲豆浆的手法，就觉得很享受。

世上竟然还有这样的店存在？是的，就在杭州城隍牌楼巷。正当我在店里逡巡时，又来了一个客人，他坐下来后，脸上同样浮起了幸福的笑容。他要了咸豆浆、大饼包油条。吃完后，在家人的搀扶下缓慢离去。他行动不便，可能中过风。

第二次来这家店时，我又注意到一个老人的脸，他坐下来后，脸上也洋溢着幸福的微笑。是的，这家门面简陋的早餐店，能让顾客的脸上都洋溢着幸福和满足的笑容。

现在我常去这家店，喝豆浆，吃烧饼包油条、油炸麻团、茶叶蛋。自取自食，请老板娘帮我冲豆浆，吃完到门口自报吃了什么、吃了多少。根本没人管我。

2016年4月27日，杭州《都市快报》发表了一篇文章，题为《豆浆店老板要

老伯脸上幸福的笑容

装油烟净化器　顾客蔡大爷捐助两千元　这是什么样的友谊？》。文章写到，城管和环保部门要求杭州一家豆浆店购买一台油烟净化器，2万元左右。消息传出去后，74岁的顾客蔡大爷来到店里，拿出2000元捐给老板。他觉得老板做生意很本分，一直很照顾街坊邻居。老板每天还把磨豆浆用剩下的几十斤豆渣制作环保酵素，支持杭州环保志愿者的事业。他的店也是杭州环保志愿者的一个联系点。但老板坚决不收。

小时候的味觉记忆复活

其实，早在2014年，《都市快报》就曾用一个整版报道过这家店。

《都市快报》报道后，环保部门回应，游埠豆浆店不一定要买环保净化器，能把油烟降到标准范围内就行了。

其实我在这里吃早餐时，只看到了客人的笑容，而从来没有感觉到油烟的存在。

在我心目中，它是杭州，乃至世界上最幸福的早餐店。

他们还供应盖浇饭和面条。在这家幸福的店里吃饱后，你就可以漫无目的地在周围的南宋二十三坊里闲逛，观察最地道的杭州生活了。

03 "来一个"烧饼

叶师傅不是叶问，而是一位做了20年烧饼的大伯。

叶师傅的店位于杭州定安路、开元路和浣纱路的交接处，小小的店面目测大约6平方米，这个地方位于杭州市中心，步行到西湖不过10分钟。

我几乎每天都要经过这里，开始没有留意到叶师傅这小小的店。直到有一天路过时肚子饿了，买了一个干菜烧饼，5元。叶师傅把烧饼装在一个牛皮纸制成的食物袋里，递给了我。

只见牛皮纸食物袋印制得颇为质朴可喜，袋子上印着几句话：

来一个烧饼

形如蟹壳　两面金黄

咸香酥脆　食后留香

分层如纸　回味久长

二十年手艺

叶师傅的"来一个"烧饼

刚刚出炉的烧饼香、薄、脆，非常美味。牛皮纸袋上印着的那几句话，一点都不夸张。

从那以后我经常光顾叶师傅的"来一个"烧饼。并且开始留意到，杭州城里类似的烧饼店铺很多，门面大抵很小，名字大都冠以"缙云烧饼"。每当我走路走饿了，这是我最愿意买来充饥的食物。缙云烧饼有好几个品种，基本款是干菜肉饼和葱油肉饼，这也是我最常买的两款。

吃得多了，难免会互相比较。比较过后，发现叶师傅的"来一个"烧饼还是我最钟爱的。另外一家让人难忘的烧饼铺是惠民路7-8号一家名叫"正宗缙云烧饼"的小店，一对夫妇经营，边做边卖。他们做的烧饼也是香、薄、脆，一口销魂，与"来一个"烧饼在伯仲之间。

60多岁的叶师傅身着一领洁白大褂，英俊非凡，态度和蔼，做烧饼动作优雅，如行云流水，光看他做烧饼就是享受。在我心中，他就是一个在杭州市中心做烧饼的"网红"，尽管他忙到不可能有时间去玩微信。

我常在下午三四点经过叶师傅的店，买一个5元的干菜烧饼，或者葱油肉饼，跟他聊几句。叶师傅是台州人，他做的烧饼跟"缙云烧饼"有所不同。"缙云烧饼"用酵母发酵过的面，叶师傅用的面未经过发酵，未用任何添加剂。用叶师傅的话说："吃缙云烧饼放心，吃我的烧饼更加放心。"

"来一个"烧饼是游玩时充饥的好吃食

在"魔都"住过10多年后，再搬到杭州住，常常感慨两座城市之间的区别。在"魔都"市中心，房租比金子更贵，像叶师傅这样的小手艺人几乎是无法生存的；在杭州，即便是寸土寸金的市中心，也给叶师傅这样的小手艺人留下了生存的空间。

我曾笑问叶师傅的店有人加盟了没有，叶师傅笑说没有。他说，自己用的食材都是挑好的，定价也定得贵一点。他说钱挣少一点没关系，够用就行了。其实，"来一个"烧饼的灵魂是人，叶师傅本人。他的店有没有人加盟是另外一回事，而叶师傅打出"加盟"旗号，表明他到底是浙江手艺人，在我眼里，他们是一群努力抱持着匠人之心且具有现代品牌意识的人群。

近年来国内出版了不少谈匠人之心和工匠精神的书，并且引进了日本各界资深职人到国内示范手艺。这些都是非常好的，但叶师傅不比任何一个日

缙云烧饼也很好吃

本匠人差，匠人之心和工匠精神就在我们身边。我希望叶师傅赖以安身立命的地方不要迎来施工和拆迁，房租不要贵到让手艺人无法承担。

另外，正宗缙云烧饼（惠民路7-8号）、缙云烧饼（中山中路解放路、五洋公馆一楼）也很好吃。

杭州的卷鸡和素烧鹅 04

卷鸡是地道的杭州小吃，开始我是在茅廊巷农贸市场一楼道宏快餐吃到的。豆腐皮包着笋丝，点缀着青菜，25元一斤。我经常买。道宏快餐也有素烧鹅，8元一条，我也经常买。这两样素菜无论是配白米饭还是下酒，都非常好吃。

开始我不知道豆腐皮包笋丝这道菜的名字叫作"卷鸡"。直到有一天我在大马弄闲逛时，见到一家专门做杭州地道风味小吃的店，问老板娘，才知道这个素菜有这样一个有趣的名字。

大马弄是杭州"南宋御街二十三坊"中最有杭州味的一条小巷子，没有之一。巷子里有一个杭州本地老板娘，现做现卖卷鸡、素烧鹅、四喜烤麸、素鸡、素肠、腊笋烧肉、红烧蹄髈、梅干菜红烧肉等小吃。做的一手地道杭州味，又地处大马弄这个在杭州人心中"级别很高"的老巷子里，很多杭州人多多少少知道她。

茅廊巷农贸市场道宏快餐的卷鸡

自从我发现了她的小店，每次去大马弄，必然要买她的食物。有一次正值中午，有点渴，买了一罐啤酒，又买了卷鸡、素烧鹅、四喜烤麸、素鸡、素肠共30多元小吃。老板娘正在吃午餐，喝黄酒，问我要不要吃米饭。我谢了她，说不要，站在那里，边喝啤酒，边吃买的菜，边和老板娘聊天。她说她今年70岁了，吓了我一跳。她皮肤光滑，动作敏捷，看上去顶多50来岁。

老板娘姓徐，出生在海月桥那里。抗战期间，她的父亲被国民党抓了壮丁，到云南打仗。抗战胜利后，父亲和他的新娘——一个云南苗族少女一同还乡。苗族少女29岁病逝，当时老板娘才4岁。

1984年，36岁的老板娘从父亲手里继承了这个房子。当时说要拆迁，这么多年过去了，老房子没有迎来拆迁，反而成了古董、宝贝、被保护的对象。现在，连房东不算，老板娘和邻居一共19户人家，一起住在这所老房子里，就在店对面。门楣上面有四个字"宏安茶行"，是上文提到的民国建筑。

老板娘一共生了3个儿子。养儿子开销大，病退后开始做杭州小吃生意，到现在已做了15年。她告诉我，冬天不大做梅干菜红烧肉，冻得厉害，肉全凝结在一起了；夏天不大做四喜烤麸，因为烤麸本身是经过保温、发酵、高温

大马弄6号出售的四喜烤麸

现场制作卷鸡和素烧鹅

蒸制而成的，夏天容易变质。素烧鹅、素鸡、素肠是文火油炸后泡在调料里卤好的，调料每家有每家的秘制配方，概不外传。做素烧鹅和素肠用的是富阳豆腐皮，其中素肠是有馅的，用雪菜、豆腐干还有一点点笋，很鲜。

大马弄老板娘做的卷鸡除了包着天目山笋丝，还有瘦肉末。她告诉我，很多顾客上了年纪，长笋丝吃起来费劲，她就把长笋丝改制成了碎笋末，与瘦肉末搭配在一起，做成了卷鸡的馅料。卷鸡也是文火油炸后泡在调料里卤好的。"油炸后不用红烧，直接泡在卤里面？"我问了个外行的问题。"不用红烧。红烧也不容易烧好，不是烧干了，就是烧焦了，泡在卤里就好。"老板娘说，原来如此。

帮老板娘包素肠和卷鸡的是个文静的中年女性。每次见到她，她总是安静地坐在工作台前包着素肠和卷鸡。台上放着不锈钢油锅，工作起来几乎不闻声息。磅秤上放着一个大盆，里面就是神秘的特制卤了。老板娘告诉我，这中年女性是她姐姐的女儿。我倒是觉得，能够如此安静地专注于手工，这样的中年女性现在倒是不太多见的。

第一次见到老板娘的店，她的食物就放在门口摊子上，与顾客亲密无间，是从前的老式做派。第二次去的时候发现，因为G20峰会，

大马弄6号出售杭州地道小菜

有关部门对各个店主提出要求，她的店面因此做了一个隔断，食物和顾客之间多了一层窗户。窗户上有两个字，"杭""菜"。倒也贴切干脆。

我住处附近有杭州较早的农贸市场——茅廊巷农贸市场。农贸市场一楼的道宏卤味，是一家做杭式家常菜和杭式卤味的平民食堂，深受附近居民和劳动者好评。道宏大厨做的卷鸡和素烧鹅，是我吃过的所有卷鸡和素烧鹅里面最好吃的。

住处附近有一家三毛烤禽，也有素烧鹅出售。前天去买了两条，远不如道宏卤味的味道好。三毛烤禽的素烧鹅干巴巴的，难以入口。道宏卤味的素烧鹅浸泡在绍酒、酱油、砂糖调好的调料里，卤汁足，浸得很入味。三毛烤禽有好吃的菜，我买过他们的蒜泥肚丝、夫妻肺片，都很好吃，但素烧鹅并非他们的强项。

朋友们如下次到杭州来，不仅要吃东坡肉和西湖醋鱼，也要钻进小街小巷里，找找属于你自己的杭州卷鸡和素烧鹅。

杭州的面馆 05

　　搬到杭州住后，逐渐明白了面馆在杭州人心目中的地位。我出生在苏北，从小一日三餐以稻米为主食，对面条并不十分热衷。我的父亲毕业于师范学校，当了几年中学教师后，1982年在县级公务员招考中以全县第三名的成绩考取公务员，在政府基层机构工作一直到退休。他喜欢运动，体格健壮，重视营养。小时候家里经常炖鸡汤、肘子肉汤、黑鱼汤，有几年父亲在水乡工作，黄鳝和螃蟹是家常菜。家里很少用清汤下面，大都熬了高汤下面作为早餐；小时候的鸡、猪、鱼都是真正意义上的家养或野生的。因此一碗好面对我的意义在于，汤要足，要好。如果汤不好，面条对我没有意义。我赞同用熬了几个小时的猪骨汤作为汤底的日本拉面，平时也在熬汤后才用高汤下面条作为早餐。

里仁巷13号无名面馆

翘胡子面馆

在杭州小街小巷里步行的时候，我常常会见到面馆。杭州面馆遍布大街小巷，不计其数。上网一查，类似"十大面馆"的评选满眼都是。我认为，既可以专程去知名面馆排队品尝，也可以去无名面馆就餐，后者口味往往并不逊色于前者。

在我住处附近步行范围内知名面馆极多，但我只推荐三家：里仁坊巷13号无名面馆、中山北路清远里小区口路边排档（又称"翘胡子"面馆）、金钗袋巷抚宁巷方老大面馆。第一个面馆连名字都没有，第二个面馆开在路边露天，这两个面馆只有本地资深吃货才知道。第三个面馆对自己要求极高，牛羊肉要从清真牛羊肉店进货，一面一烧，免费加面和油渣，大厨明档操作，店面简陋，气派非凡。

我非常喜欢这三个面馆，但每次均过门不入。部分原因是自己对面条的标准有异，部分原因是这些面馆几乎都要排队，目测队伍都不短。

前几天终于和女儿在国货路靠近浣

纱路的夫子面馆吃了一碗面。国货路是一条非常安静的小马路，在我心目中地位很高。这个面馆坐落于安静的国货路上，室内设计精致，氛围安静明亮，还有几个座位对着窗户，可以从室内看到国货路和浣纱路的风情。但是！价格完全没有因此走高，大厨也是明档操作，一面一烧，免费加油渣。这几点每一点都非常重要，缺一不可。我给女儿要了一碗面条，自己要了一小碟免费的油渣。女儿吃饱了，我吃剩下的。把油渣加进汤中，就是一碗好汤，嫌青菜不够，加了一份青菜，8元。

回来查资料，得知老板以前也在各大饭店掌过勺。（本人作为匿名顾客消费，与餐厅无利益关联）

朋友们下次到杭州，建议在小街小巷中步行时尝试自己看到的面馆。推荐猪肝拌川，阔气的可以选虾爆鳝面。

06 阿胖粽

粽子不仅是中国人过端午节必须吃的食物，更是我们一年到头都在吃的食物。无论是早餐店还是24小时便利店，我们都能觅到粽子的身影。在中国民间传说中，吃粽子是为了纪念投江而死的诗人屈原。小小的粽子身上，沉淀着中华民族几千年的历史。

但在大家的印象中，包粽子是上一辈做的事情。年轻人多晒拌沙拉、煎牛排、做蛋糕，少见有人晒包粽子。隐约间，"包粽子"似乎成了并不那么时髦的事情。

然而在杭州，有一个漂亮的"90后"江山籍姑娘，在潮王路上一家粽子店里包粽子、卖粽子。今年端午节前，她每天睡5小时、包1000多个粽子，依然供不应求，于端午节当天登上本地数家报纸头条，成了当之无愧的 the Dragon Boat Festival Queen，端午节网红。

阿朱包粽子

姑娘大名朱柳青，大家叫她"阿朱"。阿朱的粽子店从年初开到年尾，仅在生意相对较为清淡的夏季休息一个月。

不久前的一个下午，我骑自行车穿过大半个杭城，去潮王路看阿朱包粽子。阿朱很漂亮，五官清秀，皮肤白皙。头发编成两个麻花辫、白上衣、桃红长裙、帆布鞋、系粗布围裙，打扮不落俗套，带一点波西米亚风格。她告诉我，本想端午节后好好休息几天，睡个懒觉，没想到5点不到就有人拍她家的门，只好起床继续包粽子。

店里飘着糯米的清香，阿朱包起粽子如行云流水，瞬间就包好一个。她放的酱肉很大块。我想买粽子，阿朱妈妈告诉我：全卖光了。我见到篮子里还有几个生粽子，说要买。阿朱妈妈摇头，不建议我买：买回去要高压锅压一压，不然要煮50分钟才熟，"很麻烦的"。多诚实的手艺人啊。

在店里时我留意到阿朱有一只可爱的狗狗。回来写文章，一想不知道狗的名字，打了食品包装袋上的电话去问，是阿朱姐姐小朱接的电话，由此知道了更多的故事。

阿朱包粽子

阿朱的粽子店原本属于小朱的先生，杭州人邵刚。1949年前，邵刚的祖父母在杭州延安路（当时叫延龄路）开了一家延龄大酒店。1949年后公私合营，公家给邵家安排了两个正式职工名额，延龄大酒店没有了。历经"文革"抄家后，为维持生计，邵家奶

奶开始包粽子卖。邵刚从奶奶那里学到了这门手艺，从1999年始专攻粽子。2003年前，他有两个粽子厂、6家门店，当时杭州大多数宾馆茶楼供应的迷你小粽子均是他出品的。2003年"非典"期间，很多宾馆和茶楼生意不好，资金无法收回，他的粽子厂倒闭了。"非典"后他从头开始，由于包粽子手艺精湛，到如今已拥有6家门店。而阿朱是他爱人小朱最小的妹妹，帮姐姐姐夫包粽子已有多年。见小妹多年如一日专注包粽子，精益求精，姐姐姐夫遂把潮王路上这家店给了小妹。他们来投资，收益归小妹。

小朱告诉我，阿朱现在在老家，手机没信号，打电话得到县城打。试着拨了阿朱的电话，想问她正在老家做什么，显示已关机。江山"娜妮"（浙江方言，指女儿、女生）在山野间享受着她的花样年华，同时不忘准备包粽子用的粽叶。她用的粽叶叫箬叶，比芦苇叶更为宽大，一个粽子一片叶子已足够。箬叶特别来自她的江山老家，云深不知处。

阿胖粽目前有如下分店——城中店：孩儿巷16号；城北店：潮王路311号；城东店：景芳路162–15号；城西店：文二西路通普路5号。城西店除了出售粽子，还营业面、饭和家常菜。

小朱共姐妹四人，阿朱是她的小妹妹。另外两个姐妹有自己工作。阿朱的爱狗小名叫"豆豆"。

杭州的鱼圆 07

　　我住处附近有世界上最好的菜市场——茅廊巷农贸市场。茅廊巷农贸市场出售世界上最好吃的中式早餐、午餐和晚餐，还有一个鱼圆摊，鱼圆摊出售现场制作的鱼圆。

　　我买过一次，吃来只感觉到一个滋味：清淡。直到我在2016年1月26日《都市快报》"杭州生活"版面上看到一篇文章：《纯手工打捏 一做就是十几二十年——年脚边 这些藏在杭城街头巷尾的鱼圆铺又要开始排长队了》，作者吴轶凡，始知鱼圆在杭州人生活中的地位。

　　文章写道："老杭州人过年，鱼圆这种讨口彩又好吃的食物，几乎是必备的。由于鱼圆做起来颇费手工，现在已几乎没有人

华太公鱼圆店

家还会亲自动手。那些坚持手工制作的鱼圆铺子，也就弥足珍贵。在上个世纪七八十年代，杭州就有了第一家要排队的鱼圆铺子。这家店如今还在，河东路上的聚乐园。

"相比之下，中山南路的文记鱼圆店要低调许多。这临街小店大约5平米大小，只卖清汤鱼圆、素烧鹅、卷鸡这三个本地菜，已经开了整整20个年头。老板冯文是个地道杭州人，厨师出身，一直坚持手工。他只用菜场里活的花鲢和草鱼的鱼尾巴，割鱼、刮肉、敲打成泥，然后下水。1斤重的花鲢鱼尾，大约能做出40颗鱼圆。

华太公鱼圆店兼售活喜蛋

"15年前，56岁的潘大伯从杭州的老菜馆王润兴下了岗，凭借一手做鱼圆的功夫，和老伴在三里亭农贸市场菜场里摆起一个摊。一开始，鱼圆卖0.4元一颗，后来卖到了0.6元，如今是1元一颗，很多年没变过。

"他们家的鱼圆，有草鱼做的，也有包头鱼做的，价格一样。'成本上草鱼更高一点，但摊摊匀算了，方便。'潘大伯说，再过不到10天，到了腊月廿五后，他的鱼圆摊前差不多就要天天排长队了，销量也会激增。那时，包头鱼还是1元一颗，但草鱼圆怕是要提价

到1.5元一颗。'不然买草鱼的人就多了，我也吃不消。'

"潘大伯已年过七旬，可仍然每天清晨就和老伴一起来到摊上，忙一整天。他们每年只在大年初一休息一天，'否则让客人扑个空，多少难为情'。他们或许随时都会退休，把摊子留给已经跟了自己好几年的侄儿打理。'交给外人，不放心。'他们说，也想过开个分店的，但年纪大了，精力实在跟不上，'自己不盯着，不放心的。'"

看完了记者吴轶凡的文章后，始知鱼圆是杭州人平时常吃的一道菜，过年时则一定要吃。早晨到了茅廊巷菜市场一楼华太公鱼圆摊，买了10颗鱼圆，其中包头鱼鱼圆4颗，1元一颗；草鱼鱼圆4颗，1.5元一颗。共计10元。老板娘用塑料袋盛了10颗鱼圆给我。塑料袋上印着华太公鱼圆分店的地址和电话，共有6家分店，也开得不小了。老板娘告诉我：清汤油水加点青菜煮开后，把鱼圆下进锅，开了就好吃了。鱼圆本身是熟的。

08 一碗高性价比红烧牛肉盖浇饭

又到觅食时间，杭州平民小吃很多，我也已挖掘了住处周围附近的美食，目标范围不断扩大中。

其中，位于名单前列的一家平民餐厅，是位于西湖大道192号的伊斯兰清真小吃店。在我眼里，这家无名不起眼小店的红烧牛肉盖浇饭性价比杭城最高。

这家店位于西湖大道与南宋御街交界处，距离地铁站定安路站1号出口步行不到5分钟。对面是伊斯兰四大名寺之一的凤凰寺，隔壁就是从宋朝保存至今的丁家花园。

和在杭州我去过的所有伊斯兰清真小吃店一样，这家店也由一家穆斯林家庭经营。

店里食物品种很多，我和女儿现在每次去，必点红烧牛肉盖浇饭，一客15元。

西湖大道192号清真小吃店

地道的红烧牛肉盖浇饭

点单后，厨师现炒洋葱、青椒、西红柿和牛肉，分量足。

他们也有牛肉拉面、牛肉炒饭，都是8元一客，牛肉只是点缀。

而红烧牛肉盖浇饭虽然贵了7元，但牛肉块很多，性价比十足。

店门口生活着一只黑白流浪猫。每次去吃饭我都喂它牛肉。它很漂亮，似乎过得不坏。

不单是西湖大道192号的伊斯兰清真小吃店，在杭州的其他伊斯兰清真小吃店都可以吃到地道的回族风味小吃。杭州是一座海纳百川的城市，广大穆斯林同胞在此安居乐业。去发现吧！

09 杭州的素餐馆

  搬来杭州后，发现杭州"东南佛国"的说法一点都不夸张，杭州佛教氛围浓厚。腊八节那天，居士朋友带我去上天竺吃免费腊八粥，上香祈福。去上天竺吃腊八粥的人很多，去灵隐寺吃腊八粥的人更是"济济一堂"。每年杭州本地报纸都会报道腊八节去寺庙吃腊八粥的情形。去灵隐寺吃腊八粥，基本前夜就要去占一席位置。如不去寺庙吃腊八粥，杭州各村各户的念佛小组也会煮腊八粥，免费派发给大家，祈愿国泰民安。

  除夕夜去寺庙上香守岁是杭州本地居民传统过年方式，其中尤以去灵隐寺人数为最。每年腊月，杭州本地报纸会早早登出上香公交专线和上香门票发售点。如果不想熬夜，大年初一去寺庙上香也是极好的。2016年大年初一，我去了位于西溪湿地公园里的茭芦庵上香祈福，中午留在寺庙里吃了素斋，一桌餐饭计有：香菇木耳豆腐干、木耳红烧百叶结、炒冬菜、嫩扁豆、青红椒木耳炒杏鲍菇、山

素满香素餐馆

素满香提供几十种素菜和主食

药杏鲍菇汤、米饭。饭后通体舒泰，由衷地觉得，素菜如搭配得当，不仅味道十分鲜美，营养也是足够。

近来了解到杭州有多家素菜自助餐厅。其中我住处附近的东河边上，有一家素菜自助餐厅（前文描写过的素满香素菜自助餐厅），午餐和晚餐有几十个菜品，各种豆制品、时鲜蔬菜、菌菇木耳，各种做法；各种主食，有葱油饼、米饭、杂粮饭；鲜美的粥、汤、豆浆；鲜榨蔬果汁。全部素食，19元一位，如此高的性价比，只有杭州才有。老板是佛教徒，在门前东河畔提供免费茶水给行人解渴。有次我在东河边跑步时口渴了，曾领受过他的馈赠。餐厅空间极为阔大，就餐环境一流，不仅是素食爱好者的美味天堂，也是各种公益活动的聚会场所，经常有公益聚会和讲座在这里举办。

不久前，三位高中同学前往聚餐。前面说过的那位居士朋友，人大新闻系毕业，中央电视台工作多年，现在在杭州做律师；上海来的大学老师，浙大毕业，年底将移居澳洲；我。三个女孩子吃得心满意足。我和上海来的大学老师，感慨道：要是在上海，不要说19元，190元也吃不到啊！

这个素食自助餐厅在建国南路也有一家分店。居士朋友还告诉我，在萧山，有一家素食餐厅每天提供免费素餐，附近很多中老年人来吃。哪怕派发完了，只要有人来吃免费素餐，老板也会下面条，不让来者饿肚而返。

10 平民小吃炒粉干

在"魔都"生活十多年，很少留意到有炒粉干这种平民小吃。其实在"魔都"，炒面多见，炒粉干并不多见。炒粉干，更像是流行于浙江、福建等更南方城市的小吃。

在杭州，早上，一些稍大规模的早点摊上都会有炒粉干。早点摊上的炒粉干一般三四元一份。来一份炒粉干，真爽口，忍不住大口吃，几口就吃完了。在杭州的嵊县小吃、沙县小吃或者其他小吃店里，炒粉干是一道常见主食，一般8元一份。米粉、高丽菜和鸡蛋经油锅爆炒后一大盘上桌，分量很足。

炒粉干带着阳光的记忆

从小以稻米为主食的我非常喜欢吃炒粉干。细细品尝，炒粉干除了爽口，为什么还有一种特有的异香呢？我想，稻米做出的细粉经太阳曝晒，又经油锅爆炒，关于阳光的记忆全部被激发出来了。衬托以煎鸡蛋的香味、炒高丽菜的香味，它会给你这一大盘健康的、阳光的、稻米的香味。

趁热吃下这一大盘对阳光的记忆吧。

卤儿道道新门口

杭州地道小吃餐厅卤儿道道 **11**

"卤儿道道，夜饭吃饱。"这句杭州话说的是从前生活拮据，不可能经常吃红烧肉，用一点五花肉、老黄豆酱油和白糖制成的红烧肉卤汁，做成"卤儿"，拌一大碗白米饭吃到饱。最近，上世纪八九十年代杭州霹雳舞舞王王东伟在武林路和龙游路交叉口开了一家名为"卤儿道道"的杭州小吃餐厅，门牌号龙游路1号。

1986年，香港电影《霹雳情》在内地上映，霹雳舞一时风靡中国。时年17岁的王东伟在杭州火车站做客运员，常以霹雳舞动作扫地、抹桌，引得一众旅客围观。后来，他在平湖秋月演出霹雳舞。再后来，他到浙江省歌舞团待了3个月，接着在杭州浙江越剧团旗下的中国可乐轻音乐团待了两年。1988年年初，美国电影《霹雳舞》在国内上映。王东伟和邓友平组成搭档，参加了全国各地霹雳舞大奖赛，并获得全国13个城市霹雳舞大赛一等奖。

1988年，王东伟参加杭州"阿六头"周志华（国家一级演员，杭州电视台明珠频道"阿六头说新闻""开心茶馆"知名主持人）带领的"杭州曲艺轻音乐团爆炸滑稽戏"，演遍全国，共计演出1800余场。周志华犹如王东伟

贴心而有范儿的服务生

海鲜虾仁炒饭 29　腊味炒饭 19　八宝炒饭 16　招牌卤味　焖鸭肉 36　猪手 28　五香大肠 2?　牛?蹄 28　鸭? 4?　土鸡蛋?3?　狮子头 4　状元大排 8　白斩儿 6

江南白切鸡 28　鸡汁白? 3　卤儿白饭 3　葱汁油渣面 12　冷菜　凉拌黄瓜 5　皮蛋豆腐 8　香干素菜 5　广式菜心 5　炖?汤 8　椰香米汤 4　香打?? 4

卤儿道道的菜谱

的老师，两人之间有很多交流，至今王东伟回忆起来，说"真的很棒"。

1995年，王东伟在武林路龙游路开了服装潮牌小店"跳舞男孩"。那时武林路还没拓宽，卖什么的都有，热闹嘈杂。王东伟代理了曾经风靡杭城的"飞鱼""卡宾"和意大利"GAS"品牌，最火爆时开到83家。2016年，王东伟的"跳舞男孩"仍有4家店，其中一家搬到了旁边一幢写字楼上，街上另有3家店面。

我点了一碟素鸡、一碟木耳、一碗卤儿米饭，共17元。素鸡柔软而香，没有油炸物常见的硬，好吃；凉拌木耳加了适量芥末，开胃而且爽口；卤儿米饭是用日本电饭煲蒸出来的米饭，蒸的过程中加一点点土猪肉的猪油以及一点点鸡汁，非常香。最讲究的是倒入饭中的那一小碟卤儿，是用老卤和另一种原料混搭而成，特别鲜。

餐后想点一客海丰冰淇淋赤豆汤作为甜点，可惜已卖完。老板告诉我，昔日杭州男生如果能请到女生吃海丰冰淇淋赤豆汤，表明恋爱已基本谈成。他的海丰冰淇淋赤豆汤选用陕西的大枣、上好的赤豆和冰糖，慢慢地熬，每天只卖一锅，卖完收工。

第二次和朋友一起去，点了白切鸡、狮子头、卤鸭爪、香肠、素鸡、白灼西兰花、凉拌莴苣、海鲜炒饭、卤儿白饭，一共71元。很好吃。

霹雳舞王说，他这个人好动、好奇，开这个店的人工和房租压力

"有事呛一声"

很大,他每天这么忙,其实真的很累。但是,他乐于为人服务,乐于娱乐顾客,喜欢看到人与人之间的和谐,这是他开这个店最想表达的价值观。在他的店里,所有的菜品都是用新鲜上好的原材料,价钱却十分便宜。他说自己做生意心收得"紧",每天就固定那么多原料,卖完打烊。开这个店其实赚不了多少钱,但能看到顾客满意的笑脸,这才是霹雳舞王最开心的事情。

店里墙上写着杭州小街小巷的名字,诸如大马弄、卖鱼桥、皇亲巷、十五奎巷等等,让老杭州人勾起了他们的记忆与当年的情怀;音响里轻轻地播放着80年代、90年代的流行歌曲,声音大小掐得恰到好处。墙上陈列着几排小人书,等菜上桌时可免费阅读。在价格平民但水准高超的杭州小吃餐厅卤儿道道里,一碗吃尽杭州30年潮流变迁。

让人怀旧的餐厅设计

海丰冰淇淋赤豆汤 **12**

　　在很多老杭州人的记忆深处，藏着一碗海丰冰淇淋赤豆汤。这碗海丰冰淇淋赤豆汤，是由杭城里曾经最有名的海丰西餐社出品的。

　　清朝末年，海丰西餐社由广东海丰县商人出资创建，初名"海丰茶楼"。民国后西风东渐，"海丰茶楼"改名"海丰西餐社"，老板从广东聘请西餐厨师、西点师、调酒师和招待生，专攻法式菜肴和西点，逐渐站稳脚跟。到了1949年，西湖边延龄路上（今延安路）的海丰西餐社，已成为杭城最有名的西餐厅。

　　1966年，杭州涌起改名潮，小街小巷全改了名字，"大马弄"变成"韶山弄"，"海丰西餐社"改名为"光明甜品店"，西餐不做了，改做赤豆汤、银耳羹等中式甜点。"文革"后，杭州的小街小巷们纷纷恢复原名，"光明甜品店"也变回"海丰西餐社"，开始重做西餐。上级管理部门派出糕点师和厨师，到上海知名西餐馆"红房子"学习，1984年更是斥巨资30万美元，从香港请来专业团队，对餐厅做了全面升级。升级后海丰西餐社共有三层楼：一楼卖蛋糕面包冰淇淋，二楼吃西餐，三楼吃中餐，成了杭州最顶级的西餐厅。当时，如果一个男生能请到心仪的女生去海丰西餐社

海风冰淇淋赤豆汤

吃一顿西餐，再来一个冰淇淋赤豆汤作为餐后甜点，那么"恋爱基本上就谈成了"。这句话，我是从杭州昔日的"霹雳舞王"王东伟那里听来的。

王东伟在杭州武林路开了一家杭州小吃餐厅，前篇专栏已写过。第一次去他的餐厅，见门口贴着一张"海丰冰淇淋赤豆汤"的海报，好奇地问他这是什么，这才由海丰冰淇淋赤豆汤出发，了解了一段杭州的餐饮史。

当天，我本想来一碗海丰冰淇淋赤豆汤作为餐后甜点，可惜已卖完。某日我直奔海丰冰淇淋赤豆汤而去，如愿吃到了一碗凝聚着杭州人甘美记忆的甜点。只见端上来的一个小碗中有半碗香浓的赤豆汤，上面漂浮着一个让人惊喜的冰淇淋球。以小勺进食，赤豆汤香甜，冰淇淋丰腴，中西合璧，相得益彰。

从前海丰西餐社的冰淇淋赤豆汤里只有赤豆，新版"海丰冰淇淋赤豆汤"里面有赤豆、陕西出产的红枣和一点点糯米——放一点点糯米是为了增加汤的浓稠度。王东伟每天熬一锅，卖完收工。冰淇淋球来自杭州本地冰淇淋老品牌"五丰"。

西式甜点以及冰淇淋虽然香浓，但热量和脂肪往往过高。中式甜点虽较为健康，但味道相对寡淡，往往不太受年轻人的欢迎。海丰冰淇淋赤豆汤可谓中西智慧的结晶：美味健康又清淡的红豆汤，与欲望热烈的冰淇淋合二为一。学到了这一招后，可以在家如法炮制：熬一小锅香浓的赤豆汤，想吃时从冷柜里取出冰淇淋，挖一勺置于赤豆汤之上，让香浓加倍，美味和健康共享。

叁 / 便民市政篇

礼让斑马线 01

定居杭州后，第一次过斑马线时就呆住了。只见大公交车带领着私家车，稳稳停下为我让路，一时让我简直不敢相信自己的眼睛。

想起在上海，每次过马路，无不战战兢兢，如同过街老鼠。

现在在杭州过斑马线，都是一边观察，一边心怀感激，快速通过。

2016年5月13日，多家媒体报道了《宁波晚报》一位记者在采访结束回报社的路上，在斑马线上被一辆疾驶而过的私家车撞飞的事故。事故造成记者骨折并腿部多处挫伤。讽刺的是这位记者刚刚结束的采访内容正是"文明礼让斑马线"。

事故激发热烈讨论，大家谴责肇事车辆在行人拥有绝对优先通行权的斑马线前漠视生命的违法行为，同时不约而同地对杭州"文明礼让斑马线"的行为给予点赞。

早在2009年5月，杭州

中河中路高架下斑马线礼让行人

公交集团在交通法规定的"机动车行经人行横道时应减速行驶"的基础上，进一步提出"见人就让，让必彻底"的准则，并将此列入公交司机的"五条军规"之中。同时，每天派出20多名"密探"和200多名管理员进行一线检查和监管，并专门制定出相应的奖罚措施。

"公交司机看到斑马线，不管有没有人，一定要养成减速、刹车和让人的行驶习惯。"公交公司负责人表示，驾驶员要养成这种习惯，除了驾驶员本身的职业素质支撑外，还有安全教育、检查和考核相结合的规章制度作保障。

公交"礼让斑马线"的举措，逐渐形成了影响力。借此"东风"，市文明办和市交警等部门在"文明从脚下起步"活动基础上，接连推出多项行之有效的系列宣传和整治活动。"礼让斑马线"活动形成了一股强大的社会舆论合力，潜移默化中培养着机动车驾驶人的让行意识，并逐渐成为自觉行为。

在没有信号灯控制的路口，行人在斑马线上有绝对的优先通行权。如今，"礼让斑马线"正在成为杭州市民的出行规范。2015年11月，杭州审议通过了《杭州市文明行为促进条例》，斑马线"礼让行人"写入了地方性法规。

近年来，来杭州的外地居民也感受到了自己所在城市与杭州"文明礼让斑马线"之间的差距，类似讨论屡屡见报。我为杭州感到骄傲。

请"小红"载我逛杭州 02

在美国生活过的人们都知道，如果在美国没有车，就好像失去了双腿。

我在美丽的杭州生活，如果没有杭州公共自行车"小红"，我感觉自己好像失去了双腿。

近的地方可以通过步行或者慢跑抵达，但去稍微远一些的地方还是自行车更方便。再远，就坐公交了。

搬到杭州住后，第一要事就是去办一张公共交通卡，卡内存满200元以上，就可以请杭州公共自行车"小红"载我逛杭州了。一个小时之内免费。租还车点遍布市区。只要在一个小时内找到还车点，我可以还掉再租一辆，可以不花一分钱骑一整天。

杭州的公共自行车系统先进、简单、亲民，处于国内领先水平，也与欧洲等国居民喜欢骑车出行的环保绿色潮流不谋而合。最近得知，杭州的公共自行车系统是全球最大的公共自行车系统。

杭州有一群热爱"小红"的志愿者，自愿寻找"流浪在外"的"小红"。其中"80"后小伙

杭州公共自行车"小红"

子余荣至今已经让380辆"小红"回家，
被誉为寻车达人No.1。余荣是杭城一
名普通蛋糕店配送员，同时也是公共
自行车的"铁杆粉丝"。2014年，因为
一次还车疏忽，他丢失了一辆公共自
行车，从此开始穿梭于杭城大街小巷
中，一边配送蛋糕，一边寻找自己弄
丢的车辆。至今，他还没有寻到那辆
编号1201358的公共自行车。不过，他
却因此帮助找回了380辆公共自行车，

便捷的租车还车系统

光是2015年就找回了269辆。平均不到两天，就让一辆流浪在外的
"小红"回家，真是杭州寻车达人No.1。

对于像余荣这样热心的寻车达人，杭州公共自行车公司也将
以"资"鼓励。公共自行车公司已经推出微信商城，从2015年5月
份开始，市民帮助寻找回来的车辆都有统计，对找回来的每辆车
都将给予一定积分，市民可以通过微信商城兑换礼品。

现在大约有1800辆"小红"流浪在外。我是"小红"的铁杆
粉丝。从此请"小红"载我游杭州时，我也会像寻车达人余荣一
样，多多留意是否有流浪在外的"小红"等着回家。

如果，你有看到流浪在外的"小红"，可以通过拨打公共自行
车服务热线85331122，或者通过公共自行车官方微信平台（微信
号：hz85331122）报告。

雪隐、陟云以及一首诗 03

搬到杭州居住后，发现杭州公共卫生间特别多。

不仅仅在风景区。风景区设置很多公共卫生间，方便游客，是天经地义，应该的。

在杭州的小街小巷、居民小区里、运河两岸旁，我发现了很多干净整洁的公共卫生间。

杭州的公共卫生间不仅服务游客，更多的是服务本地居民。

我住处附近的南班巷，属于金钱巷社区。社区以一条小路为界，北边是南班巷小区，南边是严衙弄小区。两个小区都不大，但各有一个干净整洁的公共卫生间，不仅方便小区居民，也方便了附近的商家和过往的行人。

我曾经漫游过百井坊巷中的皇亲苑小区，又曾去皇亲苑小区探访地下室改造情况。一进皇亲苑小区，就看到一个干净整洁的

雪隐坐落在东河与运河的交界处坝子桥畔

公共卫生间，而且有两层楼。我曾经在人迹罕至的土山弄绿荫丛中，发现了一个美丽的公共卫生间。

类似经历不胜枚举。杭州的公共洗手间不仅数量多，干净整洁是另一个刻在我心中的印象。

杭州的公共卫生间分星级，从一星级到五星级。很多公共卫生间给保洁员单独辟出一个小房间休息，既让薪水不高的保洁员有容身之处，又让他们安心工作，把公共卫生间打理得一尘不染。杭州公共卫生间的保洁员工作时间从早上6点到晚上10点，非常辛苦，而所有公共卫生间24小时开放。

雪隐内景

2016年年初，读者评出了杭州十大"最佳公厕"：浣纱路公厕、城北公园公厕、运河广场公厕、维元弄公厕、龙井生态公厕、校月巷公厕、慈母桥健身苑公厕、凯体公园公厕、吴家墩健身院公厕、金山路公园公厕。（2016年1月5日《杭州日报》）

这十大最佳公厕我一个都没去过。我不可能在需要用卫生间的时候去找十大最佳公厕，我只能找我就近的公共卫生间。在我使用过的公共卫生间中，绝大多数干净整洁、一尘不染，有一些掩映在绿荫丛中，很美丽。

...影留踪，禅意盎然。然而...过，它是佛家的厕所。传说...禅师曾在杭州灵隐寺打扫厕所...家人把厕所叫成了雪隐。无论...该是古今中外所有关于厕所的...的一个，最空灵、最富于想象...淡雅、最清新的一个...

雪隐墙上有关于"雪隐"的典故

雪隐和陟云

谷崎润一郎在《阴翳礼赞》中写道，只有倪云林那样的古代中国人才能想象得出世界上最整洁和诗意的卫生间，并把想象付诸现实。在杭州，也有几乎能配得上谷崎润一郎礼赞的公共卫生间。

在东河和运河的交界处、坝子桥边，有一个全中国最整洁的公共卫生间，名叫雪隐。每次在东河沿岸跑步，雪隐都是我的折返点。

十五奎巷的陟云

雪隐有一个典故，雪隐的墙上有介绍。雪隐里有明亮整洁的客厅，客厅里有宽敞阔绰的座椅和华丽的洗手台。客厅通往左右男女卫生间，中间有一个房间，房间虽小但干净整洁，里面住着一个干净的大伯，他是主理雪隐的人。男女卫生间都很整洁干净，整个雪隐称得上一尘不染。

陟云是十五奎巷中的一个洗手间，靠近中山南路。陟云也是从十五奎巷通往吴山的一个入口标志。

我多次经过陟云，但没有去过。有一个美丽名字的公共卫生间，想来也是美丽的。

大关码头公共卫生间

大关码头公共洗手间门口有广场和雕塑。洗手间里配备了座

椅，请行人歇息。墙上有介绍
公共洗手间工作人员职责范围
的文字和每个人的照片。那
次我经过大关码头公共卫生间
时都时近中午。英俊憨厚的丈

大关码头公共卫生间

夫在打扫，看我拍照，露出一口洁白的牙齿和憨厚的笑容。隔壁，
小小的休息室里，妻子在做饭，她美丽而且健壮。

叶青兜路公共卫生间

　　运河两岸有很多公共卫生间，大约每过一公里就有一个，每
一个都非常干净整洁。每当我在运河两岸散步或者慢跑，都会感
叹杭州市政府为行人想得周到。

　　上次我经过其中的叶青兜路公共卫生间时，发现卫生间外面，
运河岸边的椅子上，坐着一个小男孩，正在读书。他的妈妈就在
叶青兜路运河公共卫生间工作。

　　来到杭州后，我留意到几乎每个公共卫生间里都为劳动者准

叶青兜路公共卫生间

备了一间休息的小屋。在杭州，劳动
者应有的人权得到了杭州本地政府的
重视。劳动者以此为家，把公共卫生
间打扫得干干净净。

　　小男孩今年上五年级，妈妈的笑
容很美。

　　我还为杭州的公共卫生间写过一
首小诗：

太阳正午的时候

在杭州土山弄

当我路过一个美丽的公共卫生间

我听到里面传出锅铲炒动铁锅的声音

沿着建国中路步行

跨过淳祐桥

路过南班巷的公共洗手间

我又听到锅铲炒动铁锅的声音

我喜欢听这种声音

环卫工人在炒菜

在美丽的杭州

有很多美丽整洁的公共卫生间

这是环卫工人的家

红脸蛋又健壮的环卫工人啊不懂什么是美黑

他们每天从早上6点工作到晚上10点

在美丽的杭州，所有的公共卫生间24小时开放

环卫工人把公共卫生间打理得一尘不染

每当太阳正午的时候

红脸蛋又健壮的环卫工人开始炒菜

公共卫生间里传出菜香

我听着锅铲炒动铁锅的声音

微笑

04 在小巷中看"市宝"级手艺人现场作业

杭州街头经常可以见到"杭州便民服务点"的绿色logo：两颗连在一起的心，画在一个绿色的移动服务车上。

在杭州街头修鞋、修车、修钟表、缝补衣服、配钥匙的师傅，每个人的服务车上都拥有这个标识。这表明摊位主人经过政府批准，已获得在此地正当经营的合法资格。

来到杭州，每当看到这一幕，我都对杭州市政府相关部门感到敬佩。

在上海居住10多年，没有看到过手艺人持有政府颁发的许可证在街头合法经营的场景。民生不可或缺的修补维修行业，竟被视为脏乱差的代表，成了城管打击的对象，与战战兢兢躲着机动车过斑马线的行人一样，如同过街老鼠，何等讽刺。

近日多家媒体报道了一个日本"二战"遗孤的女儿新津春子的故事。她17岁从中国返回日本后，从事保洁行业，现在在日本羽田机场工作。她通过自己的努力，获得了"日本国家建筑物清洁技能士"的资格证书。NHK的《PROFESSIONAL工作流派》为她做了专辑；当红综艺节目《全世界最想上的课》邀请她做开课嘉宾；主流新闻节目NEWS ZERO采访了她。她还出了书，成为畅销书作家。

尊重劳动者的国度才有希望。在我到过的国内城市中，只有杭州对手艺人的尊重差可比拟日本。"杭州便民服务点"让手艺人安稳为民服务，使之技艺精益求精；而居民得益省钱，生活环保绿色。杭州充满正能量。

由于每个摊主经营的项目类型、作业模式不同，所需要的服务车款式也不同。确定好不同款式的服务车后，杭州市城管委还邀请了中国美院对"杭州便民服务点"的绿色logo进行了设计。（2014年9月4日《浙江日报》）

朋友们下次来杭州，不如在小街小巷里漫步，在一个个"便民服务点"前面驻足，怀着尊敬之心，观看"市宝"级手艺人为民服务吧。

马市街修鞋孟伯

这位大伯的摊位固定在马市街上、浙医二院对面，我每次去小营公园散步时都要经过他。大伯长了一张娃娃脸，他的车上挂着记者对他报道的影印版。他看到我拍照，主动热情地打招呼，并且把记者给他写的报道影印本举起来给我看。

孟伯是上虞人，今年58岁，27岁来杭州，修鞋31年。他在水漾桥、红星剧院、老大房、皮市巷都摆过摊，

马市街修鞋匠孟伯

2009年3月搬到马市街来。孟伯修鞋有独门秘笈：把鞋子放平，按住前脚掌，如果鞋跟翘起来，就说明鞋底需要垫高，翘起多少就要垫高多少。（2010年1月24日《今日早报》，记者金婕报道）

像这样的修鞋大伯，在杭州有很多。前文写过的杭丝印巷徐伯也是其中之一。

天水巷修车赵伯

我在中山北路上往北骑着自行车，过了体育场路，就看到天水巷了。

上次在天水巷里步行时发现了赵伯。他有一个修理自行车的工作室，门上贴着杭州媒体对他的采访，标题是"看了2天别人修车结果，一不小心修了20年别人的车"。

门上、墙上，分门别类、整整齐齐地挂着多到数不清的工具。我觉得他什么都会修。

今天我经过天水巷，主要目的就是为了去看赵伯。

赵伯的胳膊上套着一个"社区巡逻"的红袖套，头上戴着一顶俏皮的软呢帽。

我想他是天水巷的灵魂人物。

天水巷修车赵伯

清泰街缝补衣服的张师傅

老裁缝的小店在杭州清泰街义井巷，我要缝补的衣服全部由他打理。

我为他写过一首小诗：76岁老裁缝/会修所有东西/军人、烈士家属、老外免费/他会拉小提琴/从浏阳河到血染的风采/他不会拉莫扎特/生活在下午三点/生活在街上。

清泰街78岁老裁缝能拉小提琴

维修钟表的李角仁

从茅廊巷菜市场出来，沿着丰家兜再往前走，就到佑圣观路茶街。丰家兜和佑圣观路交界的地方有一个修钟表的摊点，老板大名李角仁。他的摊子面前挂着一个"杭州便民服务点"的标志，小小的工作台面上有一叠他的名片。

李角仁的便民服务证

李角仁帮我修过手表，给跑表换过电池，允许我欠人民币50元，多日后我经过时才还上。

对于他和此类街头服务人士你尽可信任，他们是获得官方许可在街头解决民生问题的手艺人。

后 记

　　20世纪80年代上叶,我们全家跟随在基层政府机构工作的父亲,从小村子里搬到一个古老而富庶的小镇上去住。搬家后的第一天,三个孩子盯着明亮的电灯,看得入了迷。父亲就让电灯亮了整整一夜。

　　那几年,小镇上有一个电影院,经理是小镇红人。电影与演出海报是用毛笔写的,旧海报还没干透,小伙子就手拎一桶热乎乎的浆糊,"啪"地一声,新海报贴在旧海报上。每天下午,20张电影或演出票送到父亲手上。年轻的父亲穿着蓝色中山装,英雄牌钢笔插在上衣口袋里,脚穿回力球鞋,他刚刚通过公务员考试,从中学教师调到乡政府担任文书。

　　长大后,我来到杭州读浙江大学中文系研究生,毕业后在上海工作10多年,后搬回杭州居住。没有工作,整天钻进小街小巷子里,到处走走看看。

　　当走到四牌楼、大马弄的时候,我好像一步步走回了童年,回到了那个古老而富庶的小镇。一条东西向的河,穿过南北向的小镇主街,河上有一座高高的桥。每天傍晚,有人在桥做韭菜饼卖,一毛钱一个。童年的我,戴着一顶红色绒线帽,在冬季的暖阳下,跑到街上,花一分钱看一本小人书。

　　当我走在杭州马市街、皮市巷、太平坊巷与中山中路交界的地方时,类似记忆不断复活。

　　我每天去报亭买报纸,与老板娘谈谈天气与物价。"你卖一份报纸赚多少钱？""一毛。""那多进点？""一天进十几份，进多了卖不掉。""那主要靠什么挣钱？""靠退休工资。"老板娘是杭州人，清秀文弱，戴眼镜，打毛衣，看电视。

杭州有钱塘江，靠海。

杭州有西湖，有京杭大运河以及1845条河，以及不计其数的小溪。

杭州有20多座超级大桥、342座大桥、1204座中桥、3251座小桥。

杭州有群山，有茶叶，有丝绸。

杭州有传说。每年入梅那一天，白娘子都会来找许仙。如果下雨，就表明白娘子生气了。

杭州有"杭铁头"，不卑不亢，不冷不热，守住底线。

杭州有匠人之心，有品牌意识。有善于服务的政府部门，有恪尽职守的工作人员。

杭州有天时、地利、人和，得天独厚，像这样的城市全世界恐怕不多。

马可·波罗说：杭州是世界上最美丽华贵之天城。

在写作《小风小物逛杭州》的过程中，感谢读者不时给我反馈。对我来说，每一条鼓励弥足珍贵。

有读者看到我写老房子，就幽默地留言评论说，这种地方"外面看看是天堂，里面居住赛牢房"。

有读者看到我写小街小巷时，留言说我的写作让他想起了躲在小巷子里踢足球、捉迷藏的童年（并立即赞赏100元）。

没什么比让读者重返童年时光让我更高兴的事情了。

在杭州，我关于童年的记忆复活了。

我是杭州迷。杭州是我的家，我爱杭州。

我给杭州写了一首英文小情诗：

One Piece of Love Poem for Hangzhou

I am Hangzhou—Holic

I am a Hangzhoumania

I got a Hangzhou fever.

Shanghai, Shanghai you makes me blue and sad.

Hangzhou, in Hangzhou I find my new love.

I don't want to be a Hangzhou expert.

Oh dear that's too cold;

I want to love you, Hangzhou, and my love is so deep,

Even the death could not depart us.

　　我正在学习写十四行诗，希望不久的将来为杭州写上一首美丽的中文十四行诗。

　　在本书的写作过程中，我很受台湾作家刘克襄和《武林坊巷志》的写作理念的触动。几十年来，刘克襄走遍台湾的大城小镇和山丘海岸。乘坐11元的火车，吃60元的台铁便当，记录便当上的菜品成色，描写小区里几只流浪狗的生活，写绘台湾的野鸟和植物，追踪一块豆腐、一个鸡蛋和一粒稻米背后的故事。即便是蹲坐在午后小镇菜市场里不起眼角落卖菜的女子，他写来也格外有情。

　　近日，刘克襄先生还给我发来他为本书写的推荐语。感谢刘克襄先生毫无成见，奖掖后进。

　　本书所写小街小巷遴选范围几乎限于市中心，方便行人抵达。本书甘于识小，唯愿做关于杭州的众多书籍中一本小小然而诚实的书，无野心也绝无本事把关于杭州的一切囊括在其中。作者深信，每一个爱杭州的人，每一个来过杭州、住过杭州的人，每一个正在杭州生活的人，都知道很多而我不知道的关于杭州的故事。

　　本书不是一本旅游指南，书中没有提到西湖。张岱说，西湖只适合三种时候去：冬者，岁之余也；夜者，日之余也；雨者，月之余也。在冬天、深夜和雨天这三个人迹罕至的时候去西湖，才对得起西湖这位"美女"；如果像游客那样蜂拥而至，恐怕是对西湖的轻慢。

　　写完了这本书，对杭州的认识才刚刚开始。那么杭州，我希望这本书是一座小小的桥梁，从这里开启我通往你的旅程。

陆 彦

2016年6月28日　一稿

2016年9月8日　二稿